最強アナリスト軍団に学ぶ

ゼロからはじめる株式投資入門

金融アナリスト
三井智映子 著
フィスコ 監修

講談社

最強アナリスト軍団に学ぶ
ゼロからはじめる株式投資入門

最強アナリスト軍団に学ぶ
ゼロからはじめる
株式投資入門

目次

第1章

いますぐわかる株式投資の基礎の基礎

第2章

最強
アナリスト軍団に
投資のイロハ
「匠の技」を聞く

第3章

短期投資の奥義『テクニカル分析』の基礎を身につける

装幀　岡孝治
写真　渡辺充俊

はじめに

みなさんはすでに「株式投資」をはじめていらっしゃいますか？

「株なんてハードルが高い」とおっしゃる方も多いと思いますが、そんなことはありません。いまや株の売買は、ぐっと身近になっているのです。

自宅のパソコンやスマホで株価の上がり下がりをチェックすれば、その瞬間からもうあなたは立派な「個人投資家」になれます。終身雇用制が崩壊して久しく、会社からのお給料だけで一生の生活を支えるのは、多くの方にとって難しいことです。でも「個人投資家」になれば、ふだんの家計を助ける副収入を得られることはもちろん、株の売買には「定年」もありませんので、先行き不安だらけの年金に頼らない老後の生活も実現できるのです。

「そんなにうまくいくわけないでしょ？」と疑われるかもしれません。しかし、この数年でネット取引の環境が飛躍的に発展し、情報の入手や株式売買がスムーズになり、信用取引がしやすくなった、手数料が安くなったなど、株取引は個人投資家にとって格段にやりやすく

なっています。

その証拠に毎日のように株の取引を繰り返す辣腕の投資家、いわゆる「デイトレーダー」の人口がこのところ爆発的に増え、株相場が時に乱高下していることは、みなさんもニュースなどでご承知のことと思います。そんな状況なので、これまで「安定した大企業の株を長期で保有しているのがいちばん安心」とされてきた個人投資家の心得も、「情報を読み解きつつ短期で売買を繰り返す」というやや高度なスタンスに「進化」しつつあります。

もちろん、複雑な動きをみせる株相場を見極めるのはなかなか一筋縄ではいきませんし、努力や創意工夫は不可欠です。なので本書では、いまさら聞けない株式投資の「基礎知識」から、経験豊富なアナリストたちによる的確なアドバイス、さらに応用編としてのテクニカル分析をいくつか紹介します。いろいろな知識を吸収しながら、自分に合う手法を模索していくことが、いまの経済状況下で株式投資を成功させるには必要なのです。


申し遅れました。私は金融情報配信サービスを手掛ける「フィスコ」という会社に所属するリサーチレポーターの三井智映子《みついちえこ》です。

リサーチレポーターとは、個人投資家とアナリストの中間的な存在です。たとえば、

「家の近所のコンビニでこの飲料が話題になっているから、その飲料を発売している企業の株価やＩＲ情報を調べてみよう！」

という一般消費者の方々と同じ視点で市場を見極めつつ、もっと詳細な金融情報を加味しながらシビアに企業の収益状況も分析しています。とはいえ、私はまだまだ経験が浅く、日々勉強しながら専門知識を身につけ、一日も早く一流のアナリストになれるよう、奮闘しています。

私が所属するフィスコとは、金融機関に属するプロフェッショナルたちからオンライン・トレードを活用する個人投資家にいたるまで、あらゆる投資家に向けて、幅広くマーケットの分析情報を発信し続ける企業です。フィスコのアナリストたちは「海外にくわしい」「中小型は任せて」など、それぞれに熟練した得意分野をもっています。毎日世界情勢や世界市場と真摯に向き合い、日本経済を支える情報を発信しているのです。

さて、そもそも私がアナリストを志したきっかけは、大学で経済を専攻したことです。学生といえども、お金を遣うということは日々の暮らしとはどうしても切り離せないですし、幼いころから自立心が強かったこともあって、「自活」の手段である「経済」にとても関心があったのです。

入学して半年ほど経った2001年の秋、世界中をパニックに陥れた「9・11」、いわゆるアメリカ同時多発テロ事件が起きました。その際に原油と金の価格が急騰し、直後の9月17日に再開されたニューヨーク証券取引所の株価指数が急落してしまったことが、いまも強く印象に残っています。

「たくさんの方がなくなった事件の際に金の話か」

とお叱りを受けるかもしれませんが、テロ事件の悲劇に追い打ちをかけるような経済危機、つまり生活の危機が訪れてしまうという現実の惨《むご》さに、私は深いショックを受けたのです。

それからは為替や株価の動向が、周囲の友人たちよりも気になるようになりました。また、私は大学時代から芸能活動を始め、仕送りも断って「自活」するようになったのですが、正直なところ、生活には浮き沈みがあり、仕事のない時期はお米より安い小麦粉しか買えず、うどんやすいとんを自分で作ってしのいでいたこともあります。その後もタレント活動を続け、将来に対する不安も人一倍あり、資金管理のリスクヘッジのため株式投資にもトライしました。最初は徒手空拳でうまくいきませんでしたが、醍醐味のようなものは味わえました。

また、趣味の海外旅行でさまざまな国を訪れているうちに、やはり世界は経済で深くつながっていることも実感しました。２００9年末には、その直前に旅行したばかりのギリシャで国家財政の破綻危機が起き、それがきっかけとなって、あんなに歴史が息づく美しい国でも治安が悪化し、デモが多発してしまうという現実に、学生時代の「9・11」同様、大きなショックを受けたのです。そこで改めて、国家の治安や存続にも関わる「経済」について学びたい、そしてそれをたくさんの人に伝えたい、という思いを強くしました。

私たちの身近な暮らしから世界をも取り巻いている「経済」について、もっともっと知りたい、知れば自分だけでなく、さまざまな人の役に立ち、人生が豊かになるのではという思いは、私の心の中に常に灯っていたのです。

そうこうしているうち、個人投資家と同じ目線で専門知識にもとづいた情報を発信できるリサーチレポーターの存在を知り、フィスコに採用していただくことになりました。

正規雇用者ではない私の収入は多少のムラはありますが、だいたい同世代の世帯平均所得額と同じくらいですので、リサーチレポーターが謳う「消費者目線」に偽りはないと自負しています。

繰り返しになりますが、今は自営業者の方はもちろん、企業にお勤めの方も自分で資産を運用し、守っていく時代だと感じています。年金の破綻は現実のものとなる可能性が高まり、老後の資産運用は自分でするしかありません。それに加えて株式投資市場も、一部の方だけが投資で利益を得る「格差の時代」は終わり、だれもが投資しやすい時代がきているのです。

投資に興味があるけれどまだまだハードルが高いという方、投資をしているけれどもっとくわしくなりたい、学び直したいという方、よりいっそう投資への理解を深めたい方、この機会に私と一緒に勉強してみませんか?

この本との出会いが皆さんの人生を豊かにしてくれることを願っています。

二〇一三年秋

三井智映子

第1章

いますぐわかる株式投資の基礎の基礎

そもそも株って何？

いまさらながらかもしれませんが、「株」とは何なのか、株を買うことでどんなメリットがあるのかなど、本当の「基礎の基礎」をおさらいしてみましょう。

企業が新事業を手掛ける場合などに、営業収入以外で資金を調達しなければならない局面が訪れます。そうした際、企業は自社の収益以外に、広く資金を募ることができます。

株とは企業が直接市場から資金を調達するために発行した有価証券です。株を発行できる企業は株式会社という形態をとっています。自分が働いていない企業の株をもつということは、その株を発行する企業にお金をだして、間接的に経営に参加することを意味します。

要は会社に投資をしているわけです。企業が成長すれば株価も上がり、その企業の株をほしがる人も増えていきます。

金融機関で株の売買をしている人は機関投資家と呼ばれますが、その対語が個人投資家で

す。会社（法人）の資金ではなく、個人の資金で投資活動をおこなう人の総称です。

ちなみに企業が事業資金を募るには、もちろん「借金」という手段もあります。そのひとつは社債です。社債は債券なので、投資家が企業にお金を貸すかたちになります。また、もちろん銀行から融資をしてもらうという方法もあります。前者は直接投資家から資金を集めるため直接金融と呼ばれ、後者は預金者から集めたお金を貸す、つまり融資するので間接金融と呼ばれます。

さて、株主になるメリットとは何でしょうか。お金の損得に限っていえば、以下の4つに集約されます。

□株価が上昇すること
□株主配当が受けられること
□株式分割で株数が増えること
□株主優待が受けられること

まずだれもが思いつくことですが、株価が上がれば売って差額を利益とすることができます。株の保有を続ければ企業の利益の分配である配当金を受け取ることができ、投資家の醍醐味を味わえます。さらに株式分割ですが、分割して株数が増えても株価は半分になるのでその時点ではメリットはないのですが、最低投資金額が下がることで流動性が高まり、株価が上昇するケースがみられます。また、株主になると株主優待で企業の割引券や、優待券、食料品などももらえるのです。これは、あながち軽視できない特典なんですよ。

一方、デメリットは何でしょう。

一番はやはり、会社の業績悪化などで株価が下がる可能性があることでしょう。株の売買はあくまで投資なので、生活が破綻するまでお金をつぎ込んでしまっては危険です。みなさんそれぞれのできる範囲の金額で投資をしてくださいね。

株式市場は世界の情勢や政治の動向など、あらゆる事象に影響を受けます。なので、株式運用を始めると、世界中の政治、経済、社会など、いろいろなニュースが気になって調べる習慣もついて、いまの世の中がどう動いているのかという知識が増え、教養が深まるというメリットもあります。

株ってどうやって買うの？

さあ、いよいよ株を買ってみましょう。

株を売買するのは証券取引所です。証券取引所で扱う証券とは、株、社債、それに国が発行する国債を含めた有価証券です。

日本の証券取引所はどこにあるのでしょうか。一番大きなところが東京証券取引所で、ほかにも名古屋、札幌、福岡などに加え、東京証券取引所が運営するベンチャー企業向けのJASDAQ（ジャスダック）、マザーズなど、10ヵ所があります。取引をおこなえる時間は、午前9時から11時30分、午後12時30分から3時までの間です。

証券取引所は会員制で会員として認められた証券業者しか取引ができないため、投資家は証券会社を通じて売買をするわけですね。

そこで、証券会社に口座を開設します。手続きは簡単です。銀行で口座を開設するときと同じく、身分証明書と印鑑さえあれば簡単に開設することができるのです。

どこの証券会社を選ぶかは、もちろんみなさんの自由です。ただ、パソコンやスマホを使いながら自分の自由になる時間で株の運用をされたいなら、まずは、いわゆる5大ネット証

券（マネックス証券、ＳＢＩ証券、楽天証券、松井証券、カブドットコム証券）あたりで始めてみるのが安心かもしれません。

では、株っていったい、いくらくらいなのでしょうか。

当然かもしれませんが、株の値段というのは銘柄によってさまざまです。高い株ですと１株１万円以上というのもありますし、安いものは１株50円やそれ以下もあります。

各銘柄には最低売買単位というものがあります。１００株単位が多いようですが、最近は最低投資金額を切り下げて、投資しやすくしている銘柄もあります。

株の売買には「成《な》り行《ゆ》き注文」と「指《さ》し値《ね》注文」があります。簡単にいいますと、「成り行き注文」はいくらでもいいのでこの株をこれだけ買いたい（売りたい）という注文方法で、「指し値注文」はこの値段でこれだけ買いたい（売りたい）というような注文の仕方です。前者の場合だとすぐに取引は成立しますが、後者の場合、指定した値にならない限りは購入（売却）できません。注文の有効期間は証券会社によって自由に設定できます。「当日中」「今週中」が一般的ですが、最大30日間という注文期間もあるようです。とはいえ、指し値注文ではなかなか取引が成立しないケースもあります。しかし、どちらにせよ、売り手の売りたい値段と買い手の買いたい値段が一致して初めて株価が決まり、売買が成立するのです。

また、気になる銘柄の株価など、指し値注文のように投資家が任意で設定した条件に到達すると、メールでお知らせしてくれる機能もあります。

株価は日々変わりますので安く買って高く売る、シンプルですがこの一言につきます。買ったときよりも高く売れたときの利益を売却益（キャピタルゲイン）といいます。

「キャピタルゲインで大きな利益をだした」というのは、投資家にとっては快感です。ここで忘れてはならないのが、売買にかかる手数料。これは証券会社によって違いますので、安いところを選びたいなら注意が必要ですよ。

株価の動きをみていこう

株価というものは需要（買い手）と供給（売り手）のバランスにより決まるのですが、そうしたバランスをつくるさまざまな要因があって、株価は変動するわけですね。そうしたマーケット全般の変動要因の主なものは景気、金利、為替、企業収益です。

景気は経済指標ともいえますが、国内の情勢に左右されるのはもちろんのこと、いまはそれだけではなく、アメリカや、中国、新興国のPMI[※1]やGDP[※2]に影響されて日本の市場が変動するというケースもよくあります。

景気が良くなると株価は上がります。それは生活に余裕が生じて、預貯金から株式にお金が流れていく傾向があるからなのです。

次に金利です。金利の基準は各国や地域、それぞれの通貨単位により異なります。通貨を発行している国の経済状況やその国の信用リスクなどにより決まっているのです。

一般的には、低GDPでデフレだと金利は低くなります。インフレへの期待が低いと、「この国はあまり経済成長しないんじゃないかな?」と判断されるからです。

しかし、金利が低下すると株価は上昇するとみられています。

金利が引き下げられると、いくら預金してもあまり利子がつかないので、資金を株式市場に投資して運用しようという気運が高まります。そのため、株価が上がる傾向がみられるのです。さらに金利が引き下げられると、投資に加えて消費も増え、生産も多くなります。生産が増えればそれを生み出す労働力も必要になるので、雇用が拡大して景気は回復に向かうのです。景気回復を掛け声に低金利政策を発動するのは、そういう理論にもとづいたものです。

金利が下がると住宅ローンの金利も低くなって不動産投資の需要が増え、銀行の金利も下がることで企業が資金を借りやすくなるので、投資も増えるのです。それに、企業にとっては借り入れしている金利負担が軽くなります。企業の業績が上がると、株価が上がりやすくなります。すると投資家も潤って、消費の拡大につながります。アベノミクスが叫ばれた際に高級時計や高級車の需要が増えたのは、こうした背景があります。そうして複合的に景気が上向いていくということです。

株価は景気の先行指標といわれ、おおまかに半年後の景気の予想を表すとされています。基本的に、景気が上向きの局面では株価も金利も上昇します。そうして金利が高くなってくると、リスクを負ってまで株式投資しなくても預貯金で資産を増やせるため、株価は下がる傾向にあります。

また、不景気のときには中央銀行が政策金利を下げることで、個人消費や企業の新規投資を喚起して景気回復対策とすることもあります。とはいえ、金利が低いと銀行は利鞘《りざや》が稼ぎにくくなってしまいますから、思ったより市場にお金が回りにくくなります。2000年代になって長らく、日本はそういう状態でした。

さて、続いては為替です。そもそも為替とは現金のやり取りをせずに金銭の取引をおこなうこと全般を指すのですが、ここでいう為替とは外国為替のことです。外国為替、つまり二国間の金融取引の場合、その時々の円の価値によって、得をする企業、損をする企業と明暗がわかれます。

円が他国の通貨よりも割安になる、いわゆる円安では、電機、自動車などといった輸出企業にとっては追い風になり、収益の押し上げ要因になります。また、日本を訪れる外国人旅行者が増えることで、ホテル、外食などのサービス業も恩恵を被ります。輸出企業など、外国の通貨で金融取引をおこなう、いわゆる外貨建て資産を保有している企業なら、円安の差益も期待できますね。

一方、円高の場合は原材料や製品の仕入れコストが低下するため、小売業や外食産業などの輸入企業が好調になります。

為替は政策によっても大きく左右されます。

たとえば中央銀行、日本では日本銀行がいっぱい紙幣を刷ってお金の量を増やす、いわゆる量的緩和政策は自国の通貨を増やすので円安になるわけです。また、いまの株式市場では、日本株の7割以上を買っているのが海外投資家です。海外投資家にとっては日本企業の株価が上がっていても、円安が進行した場合には、たとえばドル建ての株価の上昇率はそれほどでもなく、割安に感じることもあるので、さらに株価が上昇する可能性がでてくるのです。

要は、日本経済の行路や世界経済の天候によって株価は揺れ動いていくのです。

最後の要因は企業収益です。

株価の上昇が期待できるのは、まず、企業収益の上方修正ですね。売り上げや利益が予想を上回るほど順調なときですが、織り込み済みの場合は株価が期待ほどは上がらないこともあります。また、上方修正が予想されていたのにしなかった場合は、失望売りで株価が下がることもありえます。

次に、新しい情報が企業からでた場合です。新商品のリリース、新事業への着手、新工場の建設などで企業の増益や成長が期待できるときですね。さらに、増配や復配です。配当が増えるとき、復活するときは企業の業績が良いということですから。最後は割安感です。株が売られすぎて業績より株価が割安になった場合です。

これらの要素を見極めながら、株価が適正に推移していくかを判断してくださいね。

※1 **PMI（購買担当者指数）** 企業の購買担当者を対象にした景況感調査。新規受注、在庫、生産、雇用などを指数化し、50が景気拡大・後退の分岐点

※2 **GDP（国内総生産）** 一定期間内に国内で生産された財やサービスの付加価値の総額。外国人による国内での生産を含み、自国民によって海外で生み出された財などは含まない

株を買うために企業を知ろう

いよいよどの株を買うべきかというお話です。企業が発行した有価証券を銘柄といいます。この銘柄の選び方のポイントは、ごく単純にいえば、成長しそうな株を選ぶこと、です。

はじめは自分が興味があったり、仕事などの関係で内情にくわしい業種のものを選ぶと良いでしょう。たとえば洋服が好きな人は、よく自分が買うブランドの製造元や販売店を調べてみたり、最近このブランドが流行している、という着眼点をもつことも、成長企業を見極めるには大切です。

気になる企業ができたらその企業のホームページを開いてみてください。とくに上場企業なら、ホームページには投資家情報が記載されているものです。そこで企業の決算内容として公表される業績と財産の状況を表した決算短信や、企業が事業年度終了後に作成する、財務諸表などを掲載したアニュアルレポートを閲覧することができるのです。業績・製品・グループ企業・従業員数・企業戦略など、その企業の活動の実態もわかります。そこで、前年同期比の業績や成長の度合いをチェックできるのです。

そうして基礎情報をインプットしたうえで、私たちアナリストの意見やレポートなども参考にしてみてください。先にも触れました金利や為替などの諸条件も加味した分析は、みなさんのお役に立つはずです。

さて、取材の際にアナリストが必ずおさえるポイントが以下の４つです。

□何をやっている会社で強みは何か？
□その強みを活かした最新の業績数値はどうなっているか？
□今期の業績予想はどうなのか？
□中期的な成長シナリオと株主還元への考え方は？

この４点が企業分析のキモといえるでしょう。

個別の銘柄の動きをチェックするにはその企業の決算、その企業や業界にまつわる新聞記事、企業が公表する月次動向などのリリース、各証券会社によるレーティング（格付け）情報などを確認しなければいけません。

なかでも一番重要なのは決算です。決算発表を受けて動いた株価は市場が予想したその企業の業績を反映したものです。新聞で得られる情報には買収、新製品開発、増産、業績などがあります。たとえば買収は、資金負担が懸念される、というマイナス要素もあるのです。月次動向は一般の方にも入手しやすい情報ですが、これを受けてすぐに株価が反応するかというと微妙なところもあります。リリースには**自社株買い**[※3]や新規の株を発行することなどによる資金調達、いわゆるファイナンスなどがあります。ファイナンスには**CB**[※4]、**SB**[※5]、企業が50名以上の個人投資家に新株を売り出す公募増資があります。公募増資は株主が増える、資金調達の結果として設備投資が行われ、その企業が成長する期待が高まるというメリットもありますが、株価が落ち込んでいるときには買い手がつかない、つまり需給悪化が懸念されて、株価が落ち込んでしまう可能性もあります。

ちょっと難しいお話になってしまいましたが、結論からいってしまうと通貨もモノも株も多いほうが価値が下がる、安くなるということです。天秤で重いほうが下がるように、相対的に多いか少ないかで価値が決まっているのです。株の場合、公募増資をして発行済の株式数が増える（天秤でいうと重くなる）と、一株あたりの株の価値は相対的に安くなるわけですね。

そのあたりも踏まえて、銘柄を選ぶ際は、「いまどこに需要があるのか？」という点に、とくに着目していくと面白いですよ。

ではここで、経済ニュースでもっともよく耳にする「日経平均株価」というものについて、説明させていただきます。

日経平均株価は日経２２５とも呼ばれ、東京証券取引所第1部に上場している約１８００銘柄の株式のうち、市場を代表する２２５銘柄を対象とした株価指数です。日本経済新聞社がその銘柄を選定し、15秒ごとに算出し公表していて、相場全体の流れを読み取る指標といえます。なので、ニュースで「日経平均株価が上昇しています」といっていれば日本の株式相場が好調ということなのです。日経平均株価は、株価が高い銘柄（値がさ株）が多いので、市場全体がその影響を受けるという特徴があります。

では、どんな銘柄があるのでしょうか。長くなりますが、紹介しましょう。

みなさんがご存じの企業もたくさんあるのではないでしょうか。

株式市場に上場した会社には、証券コード（銘柄コード）という4桁の番号が証券コード協議会によってつけられます。業種によって割り当てられる番号がだいたい決まっているので、証券コードがわかればどんな業種の会社なのかがわかります。

■日経平均株価の225銘柄　2013年9月10日現在

飲料・食品系	日清製粉グループ本社／日本ハム／サッポロHD／アサヒグループHD／キリンHD／宝HD／キッコーマン／味の素／ニチレイ／日本たばこ産業／明治HD
紡績・化学系	東洋紡／ユニチカ／日清紡HD／帝人／東レ／王子HD／三菱製紙／北越紀州製紙／日本製紙／三菱ケミカルHD／昭和電工／住友化学工業／日産化学工業／日本曹達／東ソー／電気化学工業／信越化学工業／トクヤマ／三井化学／宇部興産／日本化薬／花王／クラレ／旭化成／富士フイルムHD
製薬・化粧品など	資生堂／武田薬品工業／アステラス製薬／大日本住友製薬／塩野義製薬／中外製薬／エーザイ／協和発酵キリン／第一三共
資源・素材系	JXホールディングス／昭和シェル石油／横浜ゴム／ブリヂストン／旭硝子／日本板硝子／住友大阪セメント／太平洋セメント／東海カーボン／TOTO／日本碍子／日本電気硝子／日東紡績／新日鐵住金／神戸製鋼所／日新製鋼HD／大平洋金属／JFEホールディングス／SUMCO／古河機械金属／三井金属鉱業／東邦亜鉛／三菱マテリアル／住友金属鉱山／DOWAホールディングス／日本軽金属HD／古河電気工業／住友電気工業／フジクラ／東洋製罐グループHD／オークマ／アマダ／小松製作所／住友重機械工業／荏原製作所／千代田化工建設／ダイキン工業／日本精工／NTN／ジェイテクト／クボタ／日本製鋼所／日立造船／三菱重工業／IHI／日立建機／アドバンテスト／ジーエス・ユアサコーポレーション／大日本スクリーン製造
電機・自動車など	キヤノン／リコー／東京エレクトロン／ミネベア／カシオ計算機／日立製作所／東芝／三菱電機／富士電機／安川電機／明電舎／日本電気／富士通／沖電気工業／パナソニック／シャープ／ソニー／TDK／ミツミ電機／アルプス電気／パイオニア／横河電機／デンソー／太陽誘電／京セラ／ファナック／三井造船／川崎重工業／日産自動車／いすゞ自動車／トヨタ自動車／日野自動車／マツダ／本田技研工業／スズキ／富士重工業／三菱自動車工業／テルモ／ニコン／オリンパス／コニカミノルタHD／シチズンHD

建設・商社など	凸版印刷／大日本印刷／ヤマハ／日本水産／マルハニチロHD／国際石油開発帝石／コムシスHD／大成建設／大林組／清水建設／鹿島建設／大和ハウス工業／日揮／積水ハウス／伊藤忠商事／丸紅／豊田通商／三井物産／住友商事／三菱商事／双日
流通・金融系	セブン&アイ・HD／J.フロントリテイリング／三越伊勢丹HD／ファーストリテイリング／高島屋／丸井グループ／イオン／ユニーグループ・HD／りそなHD／三井住友トラスト・HD／三菱UFJフィナンシャル・グループ／千葉銀行／横浜銀行／静岡銀行／あおぞら銀行／ふくおかフィナンシャルグループ／三井住友フィナンシャルグループ／みずほフィナンシャルグループ／新生銀行／松井証券／大和証券グループ本社／野村HD／東京海上HD／T&Dホールディングス／ソニーフィナンシャルHD／MS&ADインシュアランスグループHD／第一生命保険／NKSJホールディングス／クレディセゾン
不動産・運輸系	三井不動産／三菱地所／平和不動産／東京建物／東急不動産／住友不動産／東武鉄道／東京急行電鉄／小田急電鉄／京王電鉄／京成電鉄／東日本旅客鉄道／東海旅客鉄道／西日本旅客鉄道／日本通運／ヤマトHD／日本郵船／商船三井／川崎汽船／ANAホールディングス
通信・電力など	三菱倉庫／KDDI／日本電信電話／NTTデータ／ソフトバンク／スカパーJSATホールディングス／NTTドコモ／東京電力／中部電力／関西電力／東京ガス／大阪ガス／東宝／東京ドーム／セコム／コナミ／電通／ヤフー／トレンドマイクロ

ご参考までに、東京証券取引所の東証33業種を紹介します。もちろんですが、暗記する必要はありませんからね！

■ 東証33業種と証券コード

大きな業種	東証33業種	証券コードの目安
水産・農林業	1 水産・農林業	1300〜
鉱業	2 鉱業	1500〜
建設業	3 建設業	1700〜
製造業	4 食料品	2000〜
	5 繊維製品	3000〜
	6 パルプ・紙	
	7 化学	4000〜
	8 医薬品	
	9 石油・石炭製品	5000〜
	10 ゴム製品	
	11 ガラス・土石製品	
	12 鉄鋼	
	13 非鉄金属	
	14 金属製品	
	15 機械	6000〜
	16 電気機器	
	17 輸送用機器	7000〜
	18 精密機器	
	19 その他製品	
商業	26 卸売業	8000〜
	27 小売業	
金融保険業	28 銀行業	8300〜
	29 証券・商品先物取引業	
	30 保険業	
	31 その他金融業	
不動産業	32 不動産業	8800〜
運輸・情報通信業	21 陸運業	9000〜
	22 海運業	
	23 空運業	
	24 倉庫・運輸関連	
	25 情報・通信業	
電気・ガス業	20 電気・ガス業	9500〜
サービス業	33 サービス業	9600〜

日経平均株価が上がると、業績が上がっていない企業も相対的に株が買われるので株価が全体的に上がります。とはいえその逆もまたしかり、です。

日経平均株価に続いて、経済指標としてよく用いられるのがＴＯＰＩＸ（東証株価指数：Tokyo Stock Price Indexの略）です。このＴＯＰＩＸは日経平均株価と違い、東証１部上場銘柄のすべてが対象となっています。東証１部の市場全体の動向を表す指標なので、日経平均株価より重要視されることもあります。

ＴＯＰＩＸは各銘柄の流動性と時価総額によって分類して算出したＴＯＰＩＸニューインデックスシリーズと、東証規模別株価指数、東証業種別株価指数といった、大きく３つのサブインデックスに区分されています。

このニューインデックスシリーズは、70の大型株で構成されるTOPIX Large 70、４００の中型株で構成されるTOPIX Mid 400、そのほかの小型株からなるTOPIX Smallと、よくニュースなどで耳にするコア30（Topix Core 30）に分けられます。

コア30は東証１部に上場する日本企業の普通株式のうち、時価総額、流動性のとくに高い30銘柄で構成された株価指数のことをいいます。構成銘柄の選定や入れ替えの判断については、数値基準（時価総額、売買代金）だけでおこなわれていて、市場の実勢をより適切に反映させるため、年に1回（毎年9月）構成銘柄の見直しがおこなわれています。

ちなみに、2012年9月から1年間のコア30銘柄は、以下のとおりです。

■2012年9月からのコア30銘柄

2914	日本たばこ産業
3382	セブン&アイ・HD
4063	信越化学工業
4452	花王
4502	武田薬品工業
4503	アステラス製薬
5401	新日鐵住金
6301	小松製作所
6501	日立製作所
6502	東芝
6752	パナソニック
6758	ソニー
6954	ファナック
7201	日産自動車
7203	トヨタ自動車
7267	本田技研工業
7751	キヤノン
8031	三井物産
8058	三菱商事
8306	三菱UFJフィナンシャル・グループ
8316	三井住友フィナンシャルグループ
8411	みずほフィナンシャルグループ
8604	野村HD
8766	東京海上HD
8802	三菱地所
9020	東日本旅客鉄道
9432	日本電信電話
9433	KDDI
9437	NTTドコモ
9984	ソフトバンク

次に、TOPIXの規模別株価指数は、これも同じく国内企業の東京証券取引所の市場第1部上場銘柄を、時価総額と流動性に応じて大型、中型、小型の3つの規模別に分類し、それぞれの株価指数を算出したものです。また、業種別株価指数は、総務省統計局の定める日

本標準産業分類によって、建設業、化学、電気機器などの33業種に分類し、それぞれの業種の株価指数を算出したものです。

いまみてきたように、企業の情報、さらに市場全体の状況を頭に入れて、どの銘柄に投資するか、いろいろと考えてみてくださいね。

※3 **自社株買い** 企業が市場から自社の株式を買い戻すこと。1株あたりの資産価値が向上、好材料となる

※4 **CB（転換社債型新株予約権付社債）** 株式に転換する権利の付いた社債。企業が資金調達をおこなう手法の一つ

※5 **SB（普通社債）** 企業が設備投資資金等を調達するために発行する債券。企業が資金調達をおこなう手法の一つ

株の運用に伴うリスク

さて、買いたい銘柄、狙いどころの業種を絞り込んできたところで、少し立ち止まって大切なお話をさせていただきます。

株式投資にはリターンもあればリスクもあります。投資におけるリスクというのは、簡単にいうと投資した資金が減ってしまうことです。要は儲かるときもあれば、損をするときもあるということです。では、どんな場合に損をしてしまうのでしょうか?

まずは株価の変動によるものです。株価は常に変動しています。安く買って高く売り、キャピタルゲインを得られればもちろん万々歳なのですが、その逆に、株価が上がると思って買ったら下がってしまった、ということもあり得るわけです。

株価が大きく変動している銘柄を買うのは大きな収益を挙げるチャンスでもありますが、同時に大きな損失を負う危険性もある、まさにハイリスク・ハイリターンということを肝に銘じていただかなければいけません。相場の流れと自分の相場観が逆だったとき、いまは下がっていてもまた上がるに違いない、と株式を買い足すことをナンピン（難平、何品とも）

買いといいます。ナンピン買いをすると1株あたりの取得価格は相対的に低下します。株価が反発すれば利益は増えますが、そのまま株価が下がり続けると傷口が広がる可能性もあります。

また、投資した企業の倒産というリスクもあります。株価が安くなるということは株券を売りたい株主が増えているということです。その大きな理由は企業の経営状態の悪化だと思われます。悪化が進むと倒産という危険性もでてきます。会社が倒産してしまったら株式の価値はなくなり、ただの紙切れになってしまいますので、そうなる前に決断が必要になりますね。

これは信用リスクと呼ばれ、債券や株式の発行体である企業や政府・自治体などが破綻するときに生じるリスクです。信用供与先、つまり借り手の財務状況の悪化などにより、資産の価値が減少、または消失して債権の回収ができない状態に陥り、損失を受けることです。クレジットリスクやデフォルトリスク（債務不履行リスク）とも呼ばれています。

続いては、売買不成立です。その株券の取引量が少ないことで、売りたいのに売れなかったり買いたいのに買えないという事態に陥ってしまう流動性のリスクがあります。買いたい人がいても、売る人がいなければ買えません。需給のバランスが悪いと取引が成立せず、せっかく業績好調な企業でも株価が上がらないこともあるのです。

そしてインフレリスクです。これは株価が上がるリスクで金融市場全体にとってのリスク要因になります。物価が上がることをインフレといいます。インフレになると貨幣価値が下がります。たとえば１００円で買えたジュースが10年後１２０円になるのがインフレです。その場合、１００万円のタンス貯金をしていても10年後にはジュース１万本の価値はなくなって、８３３３本しか買えなくなるわけです。こうした資産の目減りを防ぐために、株や不動産などの現金ではない資産をもつことでリスクを回避できるのです。

インフレが起きている経済状況下では景気がよい場合が多いので、貨幣の価値は下がっても、株価や不動産の価格は上がるのです。モノの値段の上昇に資産価値の上昇がついていくということです。預貯金も含めた現金の資産をもっている方はインフレには要注意ですよ。

では、こうしたリスクを回避するためにはどうしたらよいのでしょうか。

「卵は一つのかごに盛るな」という格言をみなさんはご存知ですか？

卵を一つのかごに盛ると、そのかごを落としてしまったら全部の卵が割れてしまうかもしれませんが、複数のかごに分けて卵を盛っておけば、一つのかごを落として、そのかごの卵が割れて駄目になっても、他のかごの卵は影響を受けずにすむということです。

株式投資に当てはめると、特定の銘柄だけに投資をすると、その銘柄が下落した場合のリスクが高いので、複数の銘柄に投資をおこない、リスクを分散させたほうがよいということです。これを「銘柄分散投資」といいます。投資が好調で自信があるときは、売買をする判断のポジションの取り方が粗く、雑になりがちですが、株式投資は行きすぎてしまう傾向があるため、小口で買って市場動向の探りを入れる打診的な売買から証券会社にエントリーするという選択肢もあります。

株式投資の場合には、1つの企業の株のみに全資産を注ぐのは避けたほうが賢明です。

大型株、小型株、業種もいろいろありますし、２０１３年初頭ならアベノミクス関連株とあまり政策の影響を受けない株を両方もつとか、内需企業、外需企業、さまざまな分野の株に分けて投資することで、リスクを分散できますよね。

為替に置き換えてみても、同じ円売り戦略でも、ドル買い円売りだけでなく、ユーロ、ポンド、オーストラリアドルなどを買って円を売ると、たとえばドルが暴落した場合でもリスクを分散できるのです。

日本では、預貯金・土地・株式の３つに分散して投資する「資産三分法」が有名です。デフレの際は現金の価値が高まります。モノの価格が下がるので同じお金で買えるものが増えるわけです。一方で株や土地の資産価値は下がりがちです。反対にインフレの際は、現金は弱く株や土地が有利ですね。資産の額が大きく、投資期間が長期になるほど、分散投資は重要になるといえます。

海外マーケットの基礎知識

株価に外国為替が影響するというお話はすでにしました。そのなかでも、とくに日本経済

に影響を与えるのは、やはりアメリカの景気です。

　アメリカの株式相場で日本の日経平均株価のような目安となるのが「ニューヨークダウ（NYダウ）」です。ニューヨーク（NY）ダウ平均株価（Dow Jones Industrial Average、DJIA）は、ダウ・ジョーンズ社というアメリカのニュース通信社が算出していて、1896年に農業、鉱工業、輸送などの12銘柄による平均株価として算出されたアメリカの景況を表す株価指数です。

　1928年からは30種平均となり、日本ではニューヨーク株価指数とも呼ばれます。

「え？　たったの30銘柄？」

　と思われるかもしれませんが、9030以上の上場銘柄があるなかの30種類の平均株価指数なのです。選出された企業はアメリカ国内だけでなく世界的な優良企業であるといえます。ところでNYダウが上がると日経平均株価が上がるといわれていますが、これは一概にはいえないので注意が必要です。

　たしかにNYダウが上がれば日経平均株価も上がることが多いのですが、1990年から2010年ごろまでの20年間、ダウはほぼ一貫して右肩上がりでした（2008年に住宅バブル崩壊で100年に一度の不況を迎え、著しく下落しましたが、翌年から回復してきました)。

一方、日経平均株価はほぼ一貫して右肩下がりだということで、「長期的にみると連動しているとはいえないのでは?」と、私は感じています。ただ、NYダウが上がっているとドル高円安になることが多く、円安だと日経平均株価が上がるという傾向はあります。円安に向かうと、輸出関連企業の業績回復につながって、株価が上がり、日経平均株価も上がるということで、連動しているという考え方もあるようです。たしかに朝9時、日本の証券取引所が開いた最初の取引、いわゆる寄り付きの段階では、前日のNYダウの状況によって日経平均株価も上下しやすい傾向があります。企業や個人にかかわらず、投資家の資金は株、債券、商品といった金融資産に投入されるものですので、NY市場で資金が株に流入していれば東京市場でも株に資金が集まるという考え方もあります。

また、株価をみるときに日本人は株価を国内の同業他社と比較しがちです。たとえば自動車株ならトヨタとホンダを比較するといった具合です。しかし、国際的に活躍する金融機関の機関投資家は、トヨタ株を評価するとき、アメリカのGMやドイツのフォルクスワーゲンなどと比べています。海外の同業種の他社比で割安かどうかをみて売買を決めるわけです。

というわけですので、国内企業の株のみを保有している場合でも、海外のマーケットをチエックすることが賢く株式を運用することにつながるのです。

アメリカだけでなく、新興国の経済動向も、日本経済には大きく影響します。もうお馴染みになりましたが、勢いのある新興国を表すものとして「ＢＲＩＣＳ」という言葉があります。Ｂはブラジル（Brazil）、Ｒはロシア（Russia）、Ｉはインド（India）、Ｃは中国（China）のことを指します。またＳは本来は英語の複数形「ｓ」でしたが、いまは南アフリカ共和国（South Africa）を意味するとされています。

これまでの発展途上国の中で、今後大きな経済成長が見込まれるのが、ブラジル・ロシア・インド・中国の４ヵ国だと、アメリカの投資銀行大手のゴールドマン・サックスが２００３年10月に投資家向けにまとめたレポートで用いてから、一般にも広く使われるようになりました。

ＢＲＩＣＳ諸国には共通した経済発展に欠かせない要素があります。

まず、国土が広大で、天然資源が豊富であること。次に、人口が多く、若い労働力が豊富にあること。インドはとくにすごいですね。また、労働力単価が安く、低コストで製品を生産できること。さらには人口が多いので、市場としても有望であることです。

とはいうものの、労働力単価の安さという点では、だんだん中国には当てはまらなくなりつつあり、さらなる新興国群としてベトナム、インドネシア、南アフリカ、トルコ、アルゼンチンをまとめた「VISTA」も注目されてきています。

また、次に発展するであろう韓国、バングラデシュ、エジプト、インドネシア、イラン、ナイジェリア、パキスタン、フィリピン、トルコ、ベトナム、メキシコを総称して「NEXT11（ネクスト・イレブン）」ともいわれています。

そうした続々と発展する新興国のなかで、中国は内政不安や外交問題から、一時ほどの勢いを失っているかのようにも映りますが、まだまだその影響力は無視できません。

中国は自国の通貨である人民元を売り、ドルを買うという為替介入をおこなってきました。このドル防衛のための為替介入が中国の外貨準備高、つまり外国為替を安定させるために外貨を自国に貯めこむ額が急増する要因にもなっています。中国の外貨準備高は世界一で、その額は3兆5000億ドル（約350兆円）にもなります（2013年6月末）。2006年あたりまでは日本が世界一でしたが、今やその日本の3倍近くにまで達しています。

中国政府は複数の貿易国の通貨をひとまとめにして為替を安定させる、いわゆる通貨バスケット制を導入し、ドルや円などの国際的主要通貨と人民元を連動させるように政策を変えていく、つまり統制貿易から自由貿易に移行していくことを明言しましたが、実質的にはドルとべったりなようです。ちなみに通貨バスケット制とは、具体的には自国通貨をドルやユーロ、円などの通貨に対して、それぞれどういう度合いで連動させるかを決め、為替レートを決める制度のことです。

さて、中国の株の種類は中国本土市場における上海証券取引所と深圳証券取引所のA株、B株と、香港市場における香港証券取引所のメインボードとGEM市場に分かれます。

まず中国本土市場については、A株、B株とも中国本土に本社をおく企業が発行する同一権利・額面の株式です。A株は中国人、中国政府に認められた海外機関投資家などが買うことができ、中国の大企業のほとんどがA株市場に上場していて、人民元で取引がされています。このA株とされた企業は優良企業が多いのですが、基本的には外国人は上海A株と深圳A株の売買はできませんでした。しかし、2002年にQFII（適格外国機関投資家）制度の導入で、部分的に解禁されていますが、まだまだ保護段階にある市場です。

一方のB株は、A株に上場している企業がB株にも上場している場合が通常で、A株との連動性が強いため、B株の売買の際はA株の動向を考慮したほうが無難です。将来的なA株市場開放の試験的な市場と考えられていて、いずれはA株市場と合併すると予測されています。ちなみにB株市場はA株市場の数十分の1程度の規模です。ここでは、中国人も外国人投資家も投資できます。

香港市場に上場する銘柄は、その特徴から大きく次の3つに分けられます。

「H株」
「レッドチップ株」
その他の香港株

日本人や外国人投資家は、香港市場に上場するすべての銘柄を取り引きすることができます。香港ドルはアメリカドルとの為替レートを一定に保つ、ペッグ制を採用しているため、米国経済の影響を大きく受けやすいのです。また、香港株は値幅制限がない、つまりストップ安もストップ高もないので、株価のボラティリティ（振れ幅）が大きいことも要注意です。

H株は、香港に上場している中国企業の株です。中国国内に本社があるものの、取引は香港でされているものです。

レッドチップとは、香港など中国本土以外で登記がおこなわれている中国系の企業で、取引は香港でされているものです。一般的に、中国資本が30パーセント以上とされています。

その他の香港株は「恒生《ハンセン》株（恒生指数構成銘柄）」「GEM（GEM上場銘柄）」などに区別されています。

香港上場銘柄は成長中なので割安で買いやすさがあります。なお、香港市場はメインボードとGEM市場に分けられていて、GEM市場は成長企業向けで、アメリカのナスダックに相当します。

中国株は中央政府の一声で取引ルールや産業政策が大きく変わる可能性がありますので、政策によるリスクが、やはり高いのです。

アメリカ、中国、新興国の経済状況や相場の推移を知ることで、相場の予期せぬ変動にも動揺しないで対応できるケースがでてきます。ややハードルは上がりますが、徐々に国際相場の基本も覚えていってくださいね。

株式相場のいろいろな決まり

■現物取引と先物取引

現物取引とは、求めるモノと同価値の通貨を交換して受け渡しをおこなう取引のことです。みなさんがふだんお買い物をするときは現物取引なわけですね。自由経済社会においてはモノの価値は常に変動しているので、時と場合によって、同じモノでも価格が変わってしまいます。つまり、自由経済社会で生活を営むということは、常に価格変動リスクにさらされているということなのです。

先物取引とは、「将来の一定時期に現物の受け渡しをすることを約定する売買取引」で、価格が変動する商品について、未来の売買を決まった価格で取り引きすることを保証するものです。決済の期日の前に転売や買い戻しがある程度自由におこなえることから、その期日までに買ったものを売る、あるいは売ったものを買い戻す反対売買をおこない、差金を授受することによって決済することもできる差金決済が、先物取引では主流になっています。

この先物取引は、手元にモノがなくても取引に参加できることから、よりさまざまな要素が価格に反映し、公正な価格形成に結びつくと考えられています。ちなみに先物価格はあら

かじめ決められた期日、すなわち満期を迎えれば、現物価格とほぼ同じ水準になります。当然といえば当然ですね。

また、よく耳にする「先物主導」というのは、株価変動によるリスクを回避するために将来の取引価格を保証する「先物」が引っ張っているということですが、この先物は日経平均株価を反映しています。ですから、海外の投資家が日経平均株価を上げたいときは先物を買うのです。

■商品先物市場

将来の価格の変動が企業や個人の投資活動に及ぼすリスクを抑えて利益をきちんとだすことを目的としたのが商品先物市場です。この市場動向をおさえておくことが、株式相場の動きを推し量るうえでは大いに役立ちますよ。対象になる商品は第一次産品、要は原材料になるものがほとんどです。

その商品としては、まず原油があります。原油はニューヨークのナイメックス（New York Mercantile Exchange＝ニューヨークマーカンタイル取引所）などで取り引きされています。相場が上昇する要因で一番大きいのは経済成長による需要増です。あとは中東情勢など、産油地域の地政学的なリスクからの供給不安や、産油国の減産などです。また、アメリカ国内ではテキサス州あたりに多い製油地域をハリケーンが襲ったりした場合の供給不安といった燃料そのものに関わる要因があります。さらに金融緩和による投資活性化や、ドル安によって外貨で買いやすくなるなどの要因があります。

次に金《きん》ですね。指標はニューヨークのコメックス（Commodity Exchange＝ナイメックスの一部門）による金先物価格です。

金の相場が上昇するパターンとしては、景気減速、インフレ、金融不安などがあげられます。要は市場に対する不安が高まると、安全資産として金が人気になるわけです。ユーロ不安で値上がりしたり、日本でも純金積立をしている方は結構いるはず。年金を運用する年金基金も金に投資していますね。あとは原油同様、金融緩和やドル安局面でも上がります。余談ですが金はインドと中国でかなり消費されていて、インドで結婚式やヒンズー教のフェスティバルが増えると需要も増えるのです。

さらに銀。この指標もコメックスが算出し、相場は金に追随しやすいのが特徴です。また、プラチナの指標は原油と同じナイメックスで、相場は金銀に追随する傾向があります。プラチナ相場の特徴は、自動車づくりに使用されるため、自動車産業の相場と関連があることですね。

さて、穀物の指標とされるのはアメリカ・シカゴのＣＢＯＴ（シカゴ商品取引所）の先物価格です。経済成長すると需要増になり、乾燥や高温といった天候不良が起こると供給減で相場が上昇します。

穀物といえば、まずはトウモロコシ。生産国も消費国も1位はアメリカです。次に小麦ですね。こちらは生産も消費も1位はＥＵなのですが、すぐ下に中国がいます。ちなみに輸入世界一はエジプトなのです。最後に大豆は、生産は圧倒的にアメリカが強いです。そして南米。消費国は圧倒的に中国です。

■サーキットブレーカー

日経平均株価は指数のため値幅制限はありませんが、先物は相場の急変動から投資家を守るため、先物価格に値幅制限が設けられています。先物取引において先物価格が一定以上の変動を起こした場合に、相場の安定化のために発動する取引の一時中断や値幅制限などの措置のことをサーキットブレーカーといいます。

ストップ高という言葉をよく聞かれるかと思いますが、これは株価が値幅制限いっぱいまで上昇したことを表します。一方、ストップ安とは株価が値幅制限いっぱいまで下落したことを表します。このストップ高、ストップ安はＳ高、Ｓ安と略されることもあります。連日ストップ高またはストップ安が続く場合は、値幅制限が適正ではないということなので、その制限値自体が変わることもあります。

■PER

ＰＥＲ（株価収益率）とは「株価÷１株あたりの利益」のことです。ＰＥＲが低ければ低いほど、企業が稼ぐ利益に対して株価が割安であるといえます。業種にもよりますので比較は難しいですが、20倍程度のＰＥＲが妥

当ではないかといわれています。ネットなどの株価検索ツールでは、このPERが表示されていますので参考にしてくださいね。

■PBR

PBR（株価純資産倍率）とは「株価÷1株あたりの純資産額」になります。PERと同様にPBRが低ければ低いほど、株価が割安であるといえます。一般にPBRが1倍以下だと企業が保有する純資産の額より株式時価総額のほうが安いので、割安といえるわけです。

■配当利回り

投資金額に対していくらの配当が得られるか、株価に対する年間配当金の割合を示す指標を配当利回りといいます。1株あたりの年間配当金を、いま現在の株価で割ったものです。昨今は企業の方向性として、利益がでたら株主に還元するという気運が高まっていますので、この配当利回りに期待しつつ注目してくださいね。堅調で高配当の株を運用することは、急な出費を余儀なくされた際に、みなさんの家計を助けるリスクヘッジになるかもしれませんね。

■ IPO

IPOとは、Initial Public Offering の略です。日本語にすると、最初に公開する、提供されるもの、新規公開で売られるものといった意味で、新規公開株を指します。それまで日本国内で非上場、非公開だった株式を新規に上場し、市場に新しく株式を供給するのがIPOなのです。

株式上場にあたっては、2つの資金調達方法があります。新たに株券を発行して資金調達をする「公募」と、上場前に株主が保有している株式を売り出す「売り出し」です。通常はどちらもおこなう、ということが多いようです。そしてその株式が売り出される、つまり投資家に分配されるわけです。

株主を一定数以上増やすということが、株式の上場条件に含まれています。株式上場には、成長に必要な資金の調達ができる、企業の知名度が向上して人材の採用につながるなどのメリットがあります。たしかに近ごろは就職活動の際にIR（投資家に向けた企業の公開情報）などをしっかりチェックする学生さんも増えていますよね。

新規公開株を購入して株式投資をしたい場合には、証券会社の店頭やホームページ、日経新聞などでその情報を調べましょう。新しく上場することになっている企業について事業内容を知るためには、目論見書で確認することもオススメです。目論見書とは、企業の業務内容や財務内容などが記載された書類で、上場の引受証券会社の店頭などで入手することができます。

ＩＰＯ、つまり株式公開というのは、会社の株式をオーナーなどごく一部の株主が独占している状態から、株式市場において多くの一般株主が自由に売買できる状態となることを意味します。それによって、経営の透明化にもつながりますね。

投資家にとってのＩＰＯの魅力はというと、高確率で公募価格より初値が高くなっていることでしょうか。取得のときに手数料がかからないことや、上場後に株価が飛躍的に上昇する銘柄が多いこと、歴史の浅い企業なら、業務内容の急拡大が期待できるなど、さまざまなメリットがあります。しかし一方で、株価が落ち着くまで時間がかかることや、規模が小さい企業の場合には業績の変動が把握しにくいなどの短所もあります。

ネット関連株は２００３年から２００６年ごろまでのＩＰＯバブル期に元気だった印象もあり、いまも人気があるようです。ひところ人気を集めたグリーなどのソーシャルゲーム業者やネット通販業者などのイマドキっぽい銘柄は賑わいがちでしたが、これは将来的に伸びるだろうと期待されていたわけですね。ネット関連業界は国内で需要が賄えるので為替の影響も受けにくいですし、景気にも左右されにくい、いわばディフェンシブ（手堅い）っぽい銘柄なのかもしれません。

ちなみに、高級バッグで有名なアメリカのCoachは２０１１年、香港預託証券（ＨＤＲ）を上場させました。同社は２０００年10月、すでに本拠地のニューヨーク証券取引所（ＮＹＳＥ）で上場デビュー済みです。この香港での上場では、通常の上場と異なり、一般投資家向けのＩＰＯ公募はおこなわれませんでした。このように海外で高い評価をされている企業や、海外で知名度を上げたい企業は、海外市場での上場に積極的なのです。

インサイダー

みなさんもインサイダー取引という言葉は聞いたことがありますよね。

インサイダー取引は内部者取引ともいいます。上場会社または親会社・子会社の役職員、パート社員やアルバイト、大株主などの会社関係者が、株価に影響を与える事実が公表される前に特定有価証券などの売買をおこなうことを指します。

たとえば大幅な増益になったとか、新株発行などの事実がまだ未公開のときに、そうした情報を知っている人が「これは上がるぞ〜」とフライングして株を買ったり、譲ってもらってはいけないということですね。では、そうした情報がなにをもって公開されたと判断するかというと、一般紙、通信社、放送局などの2媒体以上のマスコミに対して情報を公開し、さらに12時間以上経過した後ならよしということです。逆にいえば、それ以降は売買しても、もちろん大丈夫なので、売買のタイミングをよく見極めてくださいね。インサイダー取引は金融商品取引法で規制されていますから、違反した場合は懲役もしくは罰金、または両方を科されてしまいます。くれぐれもご注意ください。

■税金

これは結構重要な点ですが、株の利益は課税対象になります。

株の値上がり益や配当金にかかる税金は、預金の利子と同様に20パーセントですが、2013年12月31日までは10パーセントにおさえられています。

納税の手間を楽にしたいという方には、証券会社の口座を特定口座にすることをオススメします。特定口座をつくると、年間取引報告書という1年分の取引をまとめた書類を証券会社が作成してくれます。一般口座の場合には、自分でそうした取引をまとめなくてはいけません。さらに、この特定口座を開設する際に「源泉徴収あり」を選べば、証券会社があなたの代わりに納税してくれます。ここで「なし」を選択した場合は、自分で確定申告をしなければなりません。

ただ、本業以外に収入がなく、株の利益が年間で20万円以下の方の場合は、納税が免除されますので、その場合は「源泉徴収なし」を選んだほうがお得です。「あり」を選ぶと株の利益が年20万円以下でも自動的に税金が引かれてしまいますのでご注意を。

■デリバティブ

金融派生商品とも称されるデリバティブにはあらゆる形態がありますが、要するに価格変動によるリスクを回避するための金融商品の総称です。先に説明した先物取引も、このデリバティブに含まれます。原資産（商品）や、取引の種類によって分類されます。

商品（コモディティ）デリバティブには、小麦やトウモロコシといった農産物を扱うソフトコモディティや、金属、ブームにもなった金やプラチナなどの貴金属を扱う商品があります。

また、金融（ファイナンシャル）デリバティブには、個別の株や日経平均などの株価指数、通貨や国債などの債券を扱った証券があります。

そのほかのデリバティブには、企業の債務不履行のリスクをプロテクトするCDS（クレジット・デフォルト・スワップ）などのクレジットデリバティブや、スキー場で降雪がどのくらい以上だったらお金を払い、積もらなかったらもらう、という掛け捨ての保険のような天候に関連したデリバティブなどもあるそうです。

デリバティブの原型は、古代ギリシャの哲学者・ターレスがオリーブの搾油機の権利の取引をしたことらしいです。ちなみに、世界ではじめての先物市場の仕組みを備えた取引所は、なんと日本にありました！

1730年に大坂にできた堂島米会所です。徳川吉宗公の時代に大岡越前守が進言したそうです。金融に携わっていて、密かにこのことを誇りに思っている方は多いとのことですよ。

■信用取引

自分を信用してもらって、自分がもっている資金以上に株式投資をおこなうことを信用取引といいます。一定の委託保証金や有価証券などを担保にして、証券会社からお金を借りて投資することです。

たとえば、現物取引では100万円持っている場合には100万円分の取引しかできませんが、信用取引で3倍のレバレッジ（てこの原理で自己資金と借入金をかける）をかけた場合、300万円分の取引ができることになります。ただ、この場合、リターンは3倍ですがリスクも3倍になります。

空売り

現物取引では必ず「買い」から入り、キャピタルゲインを狙うので、安く買って高く売ることが重要ですよね。一方で信用取引においては、信用買いは現物取引と同様ですが、信用売り（空売り）もできるのが大きなポイントです。

空売りは、証券会社に株を借りて売り、その後に株価が下がったところで安く買い戻して株を証券会社に返すというものです。高いときに売って、安いときに買い戻すことで利益を得るわけです。なので、株価が下がっているときは空売りで利益を得やすくなります。

追証《おいしょう》

信用取引では、信用を得るために担保（保証金）を取引先に預ける必要があります。この場合の委託保証金率はたいてい30パーセントほどが目安です。なので、300万円の株を買いたい場合、３００万円の30パーセントにあたる90万円分の担保が必要となるのです。株を担保として預けているなら、その株価は日々変動しますので、株価が下落して価値が下がり、90万円に満たなくなってしまった場合には、信用がなくなったということになってしまい、もっと担保を口座に追加してくださいと金融機関から要求されます。この追加の担保が追証（追加保証金）です。

追証が発生すると、その金融機関が指定する期日までに追加の担保を入れなければならなくなります。もしこれに応じることができない場合は、現在保有している株式などは強制的に売却されて、返却にあてられてしまいます。そのため、信用取引をしている場合は、追証発生に備えて、担保の株価と委託保証金率を常に気にかける必要がありますね。

■日本版ISA＝NISA《ニーサ》

２０１４年1月から始まる少額投資非課税制度のことです。ＮＩＳＡを利用すれば、１００万円までの投資については配当や譲渡益が5年間は非課税になるという、新しい投資優遇の仕組みです。

やはり、課税されないというのは魅力的ですよね。非課税の恩恵を受けるには、金融機関でＮＩＳＡ専用の口座を開設する必要があって、証券会社や銀行は口座開設に向けて投資家を募るべく、積極的な勧誘を始めています。なお、制度が施行される１月１日の時点で、日本国内に住む20歳以上の成人なら、だれでも申し込めますが、口座は１人につき１つしかもつことはできません。

金融商品への投資を広く促し、投資家の裾野を広げるのを目的とするこの制度は、イギリスのＩＳＡ（Individual Savings Account＝個人貯蓄口座）をモデルとしています。イギリスではなんと国民の約４割がＩＳＡを利用しているということで、日本の金融庁は２０２０年までに投資総額を25兆円にする目標を掲げています。日本では現在、１世帯あたりの株式・投信平均保有額が１７０万円弱となっています。イギリスでのＩＳＡの４割という利用率をもとに、日本の５０００万世帯のなかでおよそ3割が利用すると仮定したら、「１５００万世帯×１７０万円弱」で25兆円になるわけです。

ともあれ、このＮＩＳＡによって、ますます日本でも株式投資が盛んになることを期待したいですね。

第2章

最強アナリスト軍団に投資のイロハ「匠の技」を聞く

では、ここからは私が日々ともに働き、指導を受けているフィスコの先輩アナリストの方々に、株式投資の運用における、具体的なアドバイスをいただいていきます。日本屈指の金融情報配信業者として信頼されるフィスコのアナリストは、「最強」と呼ばれるにふさわしい、頼もしい方々です。さあ、私と一緒に「匠の技」の数々を学びましょう!

投資家は新聞をどう読むべきか

どんな銘柄に投資するべきか、そのヒントを得るのにもっとも直接的な方法は、やはり新聞でニュースをチェックすることです。あるニュースが多くの人に伝わると、必然的に金融市場を動かす要因になります。たとえば、自分の価値観では大きな問題だと判断しても、その記事を目にした人が少ないと、マーケットに与える反応は当然限られるでしょう。でも、多くの人が目にしたならば、同じ考えの人が金融市場に資金を投じる要因につながります。

では、どうやって新聞を読むのでしょうか？

たとえば一般紙の朝刊は40ページもありますが、すべてをくまなく読む時間は多忙をきわめる敏腕アナリストにあるのでしょうか？

いえいえ、さすがにそれは難しいので、まずは見出しにぜんぶ目を通します。興味がある見出しなら中身に目を通しますね。それも、深く読み込む必要はなく、読み始めて興味が湧かなければ飛ばすくらいでかまいません。

投資先の企業の情報を得るために、経済面を重視すべきでしょうか？

たしかに企業情報も重要ですが、それよりも総合面のほか、政治、国際などの記事のほうが市場に与える影響が大きいときがあります。株式市場では海外投資家のシェアが5割を占めている状況ですので。

たとえば、欧州経済の混乱が続くなか、何らかの政治判断によって、グローバルの資金の流れが大きく変わります。もし、あなたが世界のマーケットに分散投資していたとします。

ある国の経済が破綻したとすると、その国から資金を引き揚げますよね。当然、他の投資家も急いで資金を回収するため、その国の投資案件は暴落になるでしょう。そこで、その大きな損を補うため、利益がでている金融商品を売却して補います。こうしたことが起こると、連鎖安的な流れになりやすいですから、国際面には目を通しておきたいですね。

新聞が扱うニュースは相場全体に影響を与えるものから、業界、個別企業にまつわるものまでさまざまです。国際的な流れや政府の政策判断などは相場全体を動かす要因です。しかし企業総合面で扱われる個別の企業に関するニュースは、各企業の業績であったり、新製品開発など、インパクトはまちまちです。ただ、海外で大型受注するといったニュースなら、その業界の勢いがでますから、その企業を中心とした関連企業への波及効果に期待が高まりますね。

なるほど。では、みんなが気づかないような「大穴」の情報を新聞からみつけることはできないのでしょうか?

企業の発表などは小さな記事にしかならない場合もあるので、その点でも見出しだけはチェックしておきたいです。そのほか、三面記事でも事故などで株価にマイナスの影響を与えることがまれにあります。また、日本経済新聞のマーケット総合欄のなかに、「まちかど」といったコラム面があります。その時々の市場の話題や動きなどを掲載しているため、このコラムの内容がその日のマーケットに影響を与えてくるときがあります。

日経のマーケット総合欄には数値などもいろいろと掲載されていますが、これにも細かく目を通しておいたほうがよいですか?

裁定取引に伴う現物株売買および残高、株価指数先物、VI先物、日経平均オプションなどの取引で未決済の株、いわゆる建玉《たてぎょく》の情報も掲載されています。先物主導で動く相場環境のなか、株の売りどき買いどき、つまりポジションの傾きなどから、相場の方向性を探ることができます。

あとは、意外とスルーしてしまうのが広告です。デフレが長期化する局面では低価格の商品などの広告が多かったと思います。でも、景気が回復するにつれて、不動産、自動車といった高額商品の広告などが増えてくるでしょう。旅行広告なども低価格のパック商品から、オリジナルの高額商品にといった変化です。こういった流れが目立つようですと、日本の景況感は上向きといった見方となり、消費関連などに資金が流入するわけです。

新聞をじっくり読み込むというよりは掲載されている情報をいかに効率よく吸収できるかがカギですね。やっぱり自分が関心のあるニュースに目がいきがちですから、その方面の株を買うのが、初心者には無難かもしれません。

どんなテーマを見定めて狙うべきか

株式投資の際には不可欠な「材料」や「話題」、つまりテーマをどう見極めるか。

国内外の機関投資家は各国に資金を分散する過程で、成長＝上昇が見込める市場に対して相対的に多く資金を配分します。２００８年のリーマン・ショック後には、いち早く中国など新興国市場が強い上昇をみせましたが、長らく低迷していた日本市場の回復は２０１２年の安倍晋三内閣発足以降に経済界を賑わした、みなさんご存じのアベノミクスからです。

ここにもひとつのテーマ性があり、中国の成長を想定した投資資金が中国市場に集中する一方、中国に傾いた資金をヘッジ（リスクを回避するためにおこなう投資）するために、デフレが長期化していた日本の株を売っていたといわれているのです。

「中国買い・日本売り」の流れがあった当時、日本国内ではどのような投資スタンスだったのでしょうか？

リーマン・ショック後の中国といえば経済成長の真っ只中でしたから、建設機械、不動産、海運、商社、自動車、電気機器株などが、中国関連としてテーマ物色の対象となりました。一方、日本の内需関連企業に対する物色は限られました。

そして現在は、中国の経済に不透明感がある一方、アベノミクスによる経済回復が期待される日本の状況を鑑みると、資金の流れは逆流。世界からみると、日本投資が一つのテーマになっているでしょう。

過去に大きなテーマといったら何がありましたか?

思いつくのは、1990年代末から2000年代初頭に起こったITバブルを招いたネット関連株があります。当時はソフトバンク株などを中心に、比較的息の長いIT関連株の物色が続いていました。実際、株価の急ピッチな上昇が続き、IT関連企業が上場すれば確実に収益に結びついていました。

企業側も株式分割を頻繁におこなって流動性を供給するなど、株式価値を高める動きもみられていました。東証マザーズ、大証ヘラクレス(当時)などの新興市場も開設され、投資ブームを巻き起こしました。

でも、このときのIT企業株の多くは、これからの成長を見込んでの投資でした。ソフトバンクについても当時は赤字企業でしたので、現在のようにPER（株価収益率）が20倍を下回る、経営が安定したIT企業はほとんどありませんでした。

つまり、今後成長するだろうとの期待がバブルを引き起こしたわけですね。テーマ銘柄への売買は、そのときの「材料」「話題」などを背景に、成長が期待されるところに資金が集中しやすいということでしょうか。では、初心者にもとっつきやすいテーマといったらどんなものがありますか？

大小さまざまですが、個人投資家が入りやすいのは、まず〝わかりやすい〟テーマになるでしょう。たとえば、2012年12月、iPS細胞を初めて作製した京都大学の山中伸弥教授がノーベル生理学・医学賞を受賞しました。これがバイオ関連株の大相場に発展したのは記憶に新しいところです。このバイオ相場をさらに飛躍させたきっかけは、iPS細胞の研究に政府が支援の手を差し伸べたこと。じつは、このときの上昇を主導したのは新興市場の中小型株であり、東証1部上場の大手医薬品株については、それほど大きな相場にはなりませんでした。

中小型株についても、ある程度物色が一巡してしまうと、今度は他のテーマを探る流れに向かいます。アベノミクスの成長戦略に関連する分野でも、国土強靭化《きょうじんか》であれば、社会インフラから建設、不動産、鉄鋼などに。クールジャパンであれば、アニメ、メディア株など。

なるほど。
ではテーマ物色をする際の注意点はありますか？

テーマを物色する時点ではあくまで「成長への期待」という段階であるため、すべてが実際に成長につながるとは限りません。たとえば、ソーシャルゲーム「パズル&ドラゴンズ」の大ヒットにより、ガンホーの株価は大きく上昇しました。これに刺激を受けて、ソーシャルゲームを手掛けている銘柄に幅広く資金が広がりをみせたのです。ここまでは、成長期待が株価の上昇圧力を強める要因でしょう。そうすると、同じタイミングで上場してくる新たなソーシャルゲーム関連株にもより期待感が集まり、テーマ物色に弾みがつくことになりました。

しかし、その後は各社の決算発表などで実際の業績状態がみえてくると、すべての企業が高成長を示しているわけでなく、苦戦している企業が多いことが明らかになりました。期待はしぼみ、その企業から資金を引き揚げる流れができると、テーマ物色は急速に終焉を迎えることもあります。

やはりテーマに狙いを定めるとテーマが外れたときのリスクもあるのですね。では、どんな相場のときにテーマ性が強まりやすいのですか？

相場全体が膠着《こうちゃく》したり、低迷したときに、かえってテーマ探しが活発になる場面があります。また、テーマを背景に物色されて大きく値が動いた銘柄について、テーマ人気が終わったときに改めて「業績面ではそこまでは買えないなぁ」という割高感が残ることもしばしばです。テーマ以外の材料がないため、改めて人気にならなければ、こうした銘柄の株価は再びもとの水準に低迷することになるでしょう。

また、テーマを狙うのは個人投資家が主体です。そのため、短期的な資金運用による物色が大半ですので、テーマからの撤退に伴う資金の「逃げ足」も速くなります。

流行のように移り変わるテーマを見定めてしっかりと稼ぐには、日々のニュースに目を通し、乗り遅れない、逃げ損ねないように気をつけましょう！

ニュースを読み込み、テーマ性を確立して、銘柄選びに活かそう

新聞の読み方、そしてテーマ性の見極め方を学びました。では次に、実際のニュースにもとづいて銘柄選びをしていくコツを伝授していただきましょう。

株価に影響するニュースといえば、業績の上方修正や新商品開発、新材料の発表など。株の世界では「成長＝株価上昇」といった見方が一般的ですが、もう一歩、連想を働かせましょう。たとえば、自動車メーカーA社が決算の上方修正を発表したとします。そうすると、投資家は他のB社、C社、D社なども同様に業績が好調なのではないかと考え、他の自動車メーカーに物色の矛先を向けるようになります。また、A社のサプライヤーとなっている部品メーカーなどへも物色が波及するとも想定できます。こうした〝関連銘柄を探る〟という思考の構造をもつことが大事なのです。

たとえば、米アップル社のスマートフォン（スマホ）「iPhone（アイフォーン）」。当初から注目された銘柄だったのでしょうか？

発売当初はテーマ性はなかったのですが、スマホ市場の拡大や次々と新製品が発表される

ごとに、関連企業への注目度が高まりました。そして、同じアップル社関連というテーマのなかでも、構成される銘柄は変化をみせます。発売当初は内蔵されている部品や半導体メーカーなど、幅広いハイテク株や電子部品株などに物色が広がり、その後はタッチパネルなど、他の素材にも波及したのです。また、サービス面でソーシャルアプリが普及し始めると、アプリを手掛けている企業に物色が移っていきました。

さらにタブレット端末の登場で、これまでのスマホ関連株からタッチパネル関連に比重が移ったほか、電子書籍を手掛けている企業がアップル関連株の一角に加わりました。このように、同じアップルの商品を手掛かりにしながらも、関連テーマとしてグループ化される成長期待の強い銘柄群は、その都度、新製品やトレンドの移り変わりに応じて、微妙に変化していくのです。

ひとつのニュースをきっかけに末広がり的に連想を膨らませるということでしょうか。では、実際のニュースを例示して具体例を説明してください。

2013年7月13日付の日本経済新聞夕刊に「客少なく五輪招致影響も U－20トルコ大会」との記事が掲載されました。この記事によりますと、国際サッカー連盟（FIFA）のボイス副会長は、トルコで開催中のU－20ワールドカップの観衆が記録的に少ないことが、2020年夏季五輪のイスタンブール招致に影響を与えかねないとの考えを示したといいます。記事掲載時までに50試合以上を消化し、1試合平均の観衆はわずか5230人。これは1977年以降、大会史上最少という内容でした。

そうなると、東京五輪の可能性が高まりますから、五輪関連株が注目されそうですね。

ただ、単に「イスタンブールから東京に」というだけですぐに盛り上がりにつながるかは疑問です。五輪テーマに物色を向かわせる〝肝〟が必要です。この新聞記事から読み取れる材料といえば「サッカー」です。W杯をみても日本人は熱心なサッカーファンであり、愛国心も強い国民性ですよね。つまり東京五輪でサッカー日本代表が躍進するというところまで結びつけることで、五輪関連のグループへの関心が集まると連想するのです。

複合的なプラス要因がなければ、うっかり物色を決めつけるのは危険ということでしょうか。より強いインパクトで情報に色づけすることで、

投資家が魅力を感じるようになるということですね。
では、実際に五輪関連銘柄を選ぶ際にはどう考えればいいのでしょうか？

五輪といえば夏季・冬季のいずれかが2年に1回の周期で開催されますので、まずは過去のニュースから基本となる銘柄を抽出します。まず、思いつくのはスポンサー企業、スポーツ用品、旅行、インフラ、放送などでしょうか。

そして、東京五輪招致の特徴を挙げてみます。今回は低コストでの開催を掲げていますが、それでも首都高の再整備問題などインフラ面、スマートシティ計画など大規模な首都整備需要が期待されます。成田、羽田の両空港を結ぶ新たな鉄道の建設も検討されそうですよね。

さて、いよいよこれらの業種から銘柄を絞るわけですが、インフラ整備といっても、建設株をすべて取り上げても焦点がボケてしまいます。出来高が薄い（取引が活発でない）など、流動性に問題がある銘柄には投資資金が向きづらい。また、大きく株価のトレンド、つまり長期的な変動傾向を崩している銘柄なども短命に終わる可能性があります。そのほか、大手ゼネコンなど、そのままの銘柄も盛り上がりにくいでしょう。

ちなみに、このニュースを受けて私が実際に取り上げた銘柄が以下のリストです。

1414	ショーボンドHD（橋梁・トンネル工事をはじめとしたコンクリート補修）
1801	大成建設（総合建設・土木請負）
1802	大林組（総合建設・不動産開発）
1812	鹿島建設（超高層、耐震、原発技術）
1824	前田建設工業（土木・民間大型建築）
1871	ピーエス三菱（コンクリート橋梁）
1881	NIPPO（舗装工事）
1893	五洋建設（臨海部を中心とした土木、建築、環境）
1926	ライト工業（基礎・地盤改良など特殊土木）
2331	綜合警備保障（ホームセキュリティ・防犯対策）
2450	一休（高級ホテル予約、旅館予約）
2502	アサヒグループHD（アサヒビール・アサヒ飲料など）
2702	日本マクドナルドHD（ハンバーガーチェーン）
2802	味の素（アミノ飲料）
3028	アルペン（スポーツ用品販売）
4324	電通（広告）
4661	オリエンタルランド（アミューズメント）
4676	フジ・メディア・HD（放映）
5233	太平洋セメント（セメント）
5911	横河ブリッジHD（橋梁）
7203	トヨタ自動車（自動車）
7936	アシックス（スポーツ用品）
8022	美津濃（スポーツ用品）
8111	ゴールドウイン（スポーツ用品）
8114	デサント（スポーツ用品）
8281	ゼビオ（スポーツ専門店）
8801	三井不動産（不動産）
8802	三菱地所（不動産）
8815	東急不動産（不動産）
8830	住友不動産（不動産）
8985	ジャパン・ホテル・リート投資法人（不動産証券化）
9001	東武鉄道（鉄道輸送）
9009	京成電鉄（鉄道輸送）
9020	東日本旅客鉄道（鉄道輸送）
9201	日本航空（航空輸送）
9202	ANAホールディングス（航空輸送）
9204	スカイマーク（航空輸送）
9401	東京放送HD（放映）
9404	日本テレビHD（放映）
9409	テレビ朝日（放映）
9603	エイチ・アイ・エス（旅行）
9726	KNT-CTホールディングス（旅行）
9735	セコム（警備）
9766	コナミ（スポーツ系ゲーム）

たしかに幅広い業種にわたりますね。では、日本の株価を押し上げたアベノミクスについて、なにか具体的なケースを教えてください。

２０１３年６月５日付の日本経済新聞に「日立や三菱重工が最新鋭がん治療装置で世界市場を開拓　政府、開発や販売後押し」といった趣旨の記事が掲載されました。日本企業が放射線を使う最新鋭のがん治療装置で世界市場を開拓すると報じられたのです。政府は医療産業の活性化を成長戦略の柱として技術開発を後押ししました。日立は北海道大学と共同で副作用を大幅に減らす次世代機を開発し、２０１６年にもアメリカに輸出を狙うと記事は伝えています。医療分野は、技術開発で先行しても承認審査などに時間がかかることから製品化の時期が予測できない傾向にあり、その結果、欧米勢に先を越されていました。政府支援も受け、最新鋭のがん治療機器を市場に投入できれば、日本の医療分野の巻き返しの先駆けになりそうだと、ニュースは伝えています。

医療機器メーカーということでしょうか。ニュースを読むだけなら、ここでの関連株は日立と三菱重工といった大手電機メーカーになりますが。

6501	日立製作所(がん治療装置)
7011	三菱重工業(X線治療装置)
6302	住友重機械工業(FDG合成装置)
7733	オリンパス(内視鏡)
4901	富士フイルムHD(超音波診断装置、X線診断装置、マンモグラフィ、内視鏡)
6503	三菱電機(陽子線)
7503	アイ・エム・アイ(AED、血管可視化装置)
6718	アイホン(ナースコールシステム)
6701	日本電気(電子カルテ)
6645	オムロン(血圧計、生体情報モニタ)
7751	キヤノン(X線診断装置、電子カルテ)
8060	キヤノンマーケティングジャパン(X線診断装置、無散瞳眼底カメラ)
4902	コニカミノルタ(医用画像管理システム、超音波診断装置)
4312	サイバネットシステム(肺気腫計測ソフトウェア)
6752	パナソニック(電子カルテ、空気清浄システム)
6869	シスメックス(全自動免疫測定装置、全自動血液凝固測定装置)
7701	島津製作所(超音波診断装置、X線診断装置、電子カルテ)
9987	スズケン(内視鏡)
5807	東京特殊電線(液晶ディスプレイ)
6502	東芝(電子カルテ、PET-CT、MRI、超音波診断装置)
7732	トプコン(電子カルテ、無散瞳眼底カメラ)
6849	日本光電工業(AED、デジタル脳波計、迷走神経刺激装置)
4736	日本ラッド(院内表示システム)
7817	パラマウントベッドHD(ベッド)
6910	日立メディコ(CT、MRI、超音波診断装置、X線診断装置)
4694	ビー・エム・エル(電子カルテ)
6960	フクダ電子(超音波診断装置、AED、スパイロメータ)
6702	富士通(電子カルテ)
7840	フランスベッドHD(ベッド)
3752	ワイズマン(電子カルテ)
6727	ワコム(液晶ペンタブレット)

日立や三菱重工は企業の規模が大きいため、関連テーマにかかわるというだけでは大きな株価の動きは期待しづらいところです。そこで、医療機器を手掛けている企業を洗い出します。医療機器関連のサイトをみて回るのもいいでしょう。あとは、診断装置、X線診断、医療システム、電子カルテ、医療機器など、さまざまなキーワードをネットで検索してみてください。

上場企業はすべてホームページを開設していますし、ネットで検索していけば関連する銘柄が浮かび上がってきますので、そのあとは個人投資家の資金が向かいやすい銘柄なのか、売買しやすい銘柄なのかといった判断基準でふるいにかけます。そうして最終的に抽出された銘柄は右のとおりです。当初の新聞報道では「最新鋭がん治療装置」となっていましたが、アベノミクスは医療産業の活性化を成長戦略としているため、医療関連株を幅広く抜き出しています。

医療関連株と一口にいっても、機器メーカー以外にもいろいろとありますね。あと、海外ニュースをもとにした銘柄選びにはどのような例がありますか？

2013年3月にはさまざまなメディアで「川に豚の死骸、上海の水源」との報道がでました。中国経済を牽引する大都市で、投棄された豚の死骸が日々増えていたというのです。日本では想像ができない状況でした。報道をかいつまむと、中国・上海市の黄浦江上流で大量の豚の死骸が見つかり、回収された死骸は3月9日から2日間で2813頭に上ったというのです。上海市の水務局は生活用水の水源となっている上流地域での水質検査を強化しているとも伝えられましたが、同流域で豚の死骸が見つかり始めたのは3月初め。8日には十数頭が浮いているのが見つかり、9日午前には1000頭規模の死骸が確認されました。その後も増え続け、3月末までに1万頭を超えたというのです。

それと同時に、同じ中国の北京市でも河川の水質汚染が深刻化しているとの報道もありました。生活用水を供給する北京周辺の5大水系の汚染はいずれも深刻で、公共用水はもはや飲用に適さないレベルまで汚れているといいます。北京市郊外の朝陽区管庄郷には、工場廃水やゴミなどによって白濁し悪臭を放つ川があり、村人はこの川を「牛乳川」と揶揄していると報じられました。

このような状況のなか、まず浮かび上がる関連企業は水処理膜を手掛けている東レや浄水処理・下水処理など水処理エンジニアリングのクボタ、水処理設備の東洋エンジニアリングなどの環境・水処理関連となるでしょう。

ただ、このときは非常事態にもかかわらず、この関連テーマに投資家たちはそれほど関心を寄せませんでした。その要因としては、日本と中国との関係が悪化したことによる影響が大きかったと考えられます。中国国内で日本製品の不買運動が巻き起こるなかでは、投資先として材料視しづらいですよね。

ともあれ、そうした状況下で選んだ銘柄は以下になります。

3402	東レ
6326	クボタ
6330	東洋エンジニアリング
1802	大林組
1803	清水建設
1812	鹿島建設
1978	アタカ大機
2768	双日
3101	東洋紡
3407	旭化成
4188	三菱ケミカルHD
4204	積水化学工業
4216	旭有機材工業
5411	JFEホールディングス
5802	住友電気工業
6299	神鋼環境ソリューション
6331	三菱化工機
6361	荏原製作所
6363	酉島製作所
6366	千代田化工建設
6370	栗田工業
6403	水道機工
6501	日立製作所
6502	東芝
6503	三菱電機
6508	明電舎
6841	横河電機
6845	アズビル
6988	日東電工
7004	日立造船
7011	三菱重工業
7012	川崎重工業
7242	カヤバ工業
7727	オーバル
8058	三菱商事
8439	東京センチュリーリース
8591	オリックス
8593	三菱UFJリース
9513	電源開発

国際関係となると、いろいろな要因が絡み合うわけですね。ニュースが相場にすぐに反映されるとは限らない。なかなか難しいですね。

加えて、そのニュースが注目されるタイミングを見計らうことも重要です。豚事件と同様に注目されたのが中国の大気汚染問題です。いわゆる「ＰＭ２・５」で、汚染状況が日々悪化するなか、市場ではテーマ銘柄として幾度か取り上げられました。

中国の大気汚染は報道が長期間続きましたし、そうなれば投資もしやすいというところでしょうか？

最初にこの問題が取り上げられたのは、２０１３年2月１日に日本経済新聞が報じた「大気汚染　中国経済に波及　過去60年で最悪」という記事です。北京市では当局が１２０社以上のメーカーに対して稼働停止や減産を命じ、３６０ヵ所以上で建設工事を中止させました。これには日本や韓国の企業も対象に含まれたと報じられました。

汚染は北京から次第に広がり、その解消のために人工的に雨を降らせる計画もあったほどです。深刻な汚染が続けば、習近平・中国共産党最高指導部が目指す国内経済の安定成長政策の重荷になりかねません。

この時期には、中国の主要な電子商取引（ＥＣ）サイトではマスクや空気清浄機等の売れ行きが好調で、一部の商品は品切れが生じているとも報じられました。

まず、２月１日の第一報の段階でこの大気汚染をテーマとして取り上げた銘柄を以下にご紹介します。

8113	ユニ・チャーム（超立体マスク）
6367	ダイキン工業（空気清浄機）
6753	シャープ（空気清浄機）
6752	パナソニック（空気清浄機）
3514	日本バイリーン（マスク）
7963	興研（防塵マスク）
7980	重松製作所（防塵マスク）
1975	朝日工業社（空調・衛生機器）
3107	ダイワボウHD（抗ウイルス不織布）
3109	シキボウ（抗ウイルス加工繊維）
7487	小津産業（不織布）
3604	川本産業（医療用衛生材料）
2269	明治HD（うがい薬の「イソジン」）
4574	大幸薬品（感染管理商品「クレベリン」）
1979	大気社（空調、衛生機器）
3402	東レ（水浄化装置）

まだ最初のころは「PM2・5」という言葉も出てきていなかったですし、それほど深刻な問題に発展するとはみられていませんでしたよね。

そのため、大気汚染報道だけでは市場反応も限られていました。ところが第一報から12日後の2月13日、複数のメディアが「中国自工会、大気汚染問題にコメント――『主要因は自動車ではない』」と報道しました。内容は、以下のようなものです。

中国の大気汚染が深刻さを増すなか、中国の自動車工業会（自工会）がこの問題に対する公式なコメントをだしました。自工会は声明で「北京市などの大気汚染の主因は、自動車の排出ガスではない」、あくまで「石炭を燃やす工場からの煙が主たる要因」との立場を表明しました。また、自動車からの排出ガスを悪化させている原因として指摘された粗悪ガソリンに関して、業界を挙げて改善に取り組む意向を明確化。「自動車用の燃料の品質基準を段階的に引き上げていく」と説明しました。

この発表を受け、北京市では大気中に含まれる微粒子状物質、先にも触れた「PM2・5」

など、有害物質の濃度が急上昇していること、さらに燃料の品質基準引き上げには期待しづらいこと――つまり、中国政府が環境対策に本腰を入れるという予測が成立したのです。そこで、中国でハイブリッド車（ＨＶ）や電気自動車（ＥＶ）が大幅に需要を伸ばすタイミングが早まる可能性に期待し、以下のようにハイブリッド関連を取り上げることになったのです。

7203	トヨタ自動車（ハイブリッド車）
7267	本田技研工業（ハイブリッド車）
7201	日産自動車（電気自動車）
7211	三菱自動車工業（電気自動車）
7261	マツダ（低燃費ディーゼル）
6674	ジーエス・ユアサコーポレーション（リチウムイオン電池）
6937	古河電池（リチウムイオン電池）
4100	戸田工業（リチウムイオン電池正極材）
6752	パナソニック（リチウムイオン電池）
6502	東芝（リチウムイオン電池）

なるほど。やはりタイミングを見極めることが投資を成功させるには必要ということですね。ともあれ、中国政府が動き出すというタイミングまできて、ようやくテーマ連想が的中したということになりますね。

いえ、じつはこれは不発に終わりました。ようやく中国の大気汚染問題でテーマ物色が強まったのは、さらに3週間後、3月5日になって朝日新聞が報じた「PM2・5、熊本県で全国初の注意喚起」というニュースがきっかけだったのです。

中国で起きた問題に対しては日本の投資家は〝対岸の火事〟というのか、あまり関心を向けないのでしょうか、不思議ですね。さすがに日本国内にまで悪影響が波及するとなれば、投資家の関心も高まりますよね。

そうですね、ようやくといった感じでした。その朝日新聞の記事によると、福岡市は3月5日、中国から飛来するPM2・5の濃度が環境基準を超えると予測しました。熊本県では、国が定めた暫定指針値を超える可能性があるとして、県内の全市町村や保健所などに全国初の注意喚起の情報を流しました。この報道を受けて、以下のリストを取り上げています。

4657	環境管理センター（PM2.5の測定・分析業務）
4208	宇部興産（不織布）
6291	日本エアーテック（空気清浄装置）
6753	シャープ（空気清浄機）
6752	パナソニック（空気清浄機）
6367	ダイキン工業（空気清浄機）
8113	ユニ・チャーム（超立体マスク）
3514	日本バイリーン（マスク）
6023	ダイハツディーゼル（PM2.5を分解する集塵機）
7003	三井造船（PM2.5を分解する集塵機）
7963	興研（防塵マスク）
7980	重松製作所（防塵マスク）
1975	朝日工業社（空調・衛生機器）
3107	ダイワボウHD（抗ウイルス不織布）
3109	シキボウ（抗ウイルス加工繊維）
7487	小津産業（不織布）
3604	川本産業（医療用衛生材料）
2269	明治HD（うがい薬の「イソジン」）
4574	大幸薬品（感染管理商品「クレベリン」）
1979	大気社（空調、衛生機器）
3402	東レ（水浄化装置）

ＰＭ２・５がいよいよ国内にも影響を及ぼしたということで、市場の関心がついに高まったのです。そして、同じタイミングで環境管理センターが東京都の発注するＰＭ２・５の測定・分析業務を落札したと発表し、これがＰＭ２・５関連株への投資家たちの物色に一段と弾みをつけました。

よくわかりました。同じテーマでも、タイミングや国際情勢、国民感情までが影響を及ぼすわけですね。話は変わりますが、将来の成長期待が大きいテーマとして、アメリカの〝エネルギー革命〟ともいわれるシェールガスが注目を集めていますね。

たとえば「シェールガス、日本へ　米、天然ガス輸出解禁」（日本経済新聞、2013年5月18日付夕刊）との見出しの記事をみていきましょう。これはアメリカのエネルギー省（DOE）が自由貿易協定（FTA）を締結していない日本などへの天然ガス輸出を解禁するという報道です。その第1号として、中部電力と大阪ガスが参画しているフリーポート社を認可して、1日あたりの輸出量に一定の上限を決めたうえで、20年間の長期輸出契約を認めると報じられました。

この報道を受けて、当然ながら中部電力と大阪ガスが物色対象になります。そのほか、日本勢では住友商事と東京ガスや、三井物産と三菱商事なども関連銘柄として取り上げられました。また、資源開発企業や石油タンク・部材、プラント開発を手掛けている企業などにも対象を広げてみましょう。

エネルギー関連では「メタンハイドレート」も注目を集めましたよね。

日本近海に眠る海底資源で「燃える氷」とも呼ばれています。

2013年3月11日には「メタンハイドレートからのガス生産、間もなく開始」と報じられました。

メタンハイドレートからのガス採取は世界初の試みとなります。

経済産業省所管の独立行政法人石油天然ガス・金属鉱物資源機構（JOGMEC）と産業技術総合研究所、石油資源開発がこれに先立つ2013年1月に愛知県の約80キロメートル沖合で産出試験の準備に着手しました。掘削装置の設置などが終わり、メタンハイドレートからガスを取り出すということです。

ここで試しに、私が以下のように関連銘柄を選んでみてもよろしいでしょうか。

1662	石油資源開発
1605	国際石油開発帝石
6369	トーヨーカネツ
6339	新東工業
7013	IHI
2768	双日
4203	住友ベークライト
5741	古河スカイ
8002	丸紅
1963	日揮
5401	新日鐵住金
6269	三井海洋開発
5411	JFEホールディングス
6366	千代田化工建設
7011	三菱重工業
6362	石井鐵工所
1976	明星工業

1605	国際石油開発帝石（シェールガス開発）
1606	日本海洋掘削（掘削工事の請負）
1662	石油資源開発（シェールガス開発）
1963	日揮（プラント施設）
1976	明星工業（LNG出荷基地工事）
2768	双日（機械・エネルギー商社）
3355	クリヤマHD（建設用資材）
5401	新日鐵住金（鋼管パイプ）
5411	JFEホールディングス（鋼管パイプ）
5741	古河スカイ（アルミ厚板）
6247	日阪製作所（熱交換器）
6269	三井海洋開発（シェールガス開発）
6309	巴工業（掘削用途の遠心機械）
6339	新東工業（サンドコーティング設備）
6361	荏原製作所（ポンプ）
6362	石井鐵工所（大型タンク）
6366	千代田化工建設（プラント施設）
6369	トーヨーカネツ（大型タンク）
7004	日立造船（石油製品を生産する中核設備）
7011	三菱重工業（発電用ガスタービン）
7012	川崎重工業（大型LNG燃料船）
7013	IHI（LNG関連機器）
8001	伊藤忠商事（LNGビジネス・権益取得・買収）
8002	丸紅（LNGビジネス・権益取得・買収）
8031	三井物産（LNGビジネス・権益取得・買収）
8053	住友商事（LNGビジネス・権益取得・買収）
8058	三菱商事（LNGビジネス・権益取得・買収）

バッチリです！

ニュースを多角的に読み解く力が備われば投資家としても成功しますし、ビジネスマンの方ならふだんの仕事にも役立ちますよね。さあ、みなさんも時事問題などを参考に、どんな業種、どんな銘柄が動くのか、いろいろと考えてみてください！

銘柄を絞り込んでみよう

ニュースなどをもとに投資先のテーマを決めていくと、いよいよ「何を買うか」という個別銘柄の物色に入ります。ただ、どの企業の株に投資するかを決める前に、投資家の目的によって、選んだほうがいい株、避けたほうがいい株というのがあります。たとえば、貯蓄感覚での長期投資をおこなう人、日ごとの売買で短期間で儲けをだしたいと考える人それぞれに、投資対象とすべき銘柄、対象としてはいけない銘柄が変わってくるのです。

長期投資においては、もっとも注意すべきなのは信用リスクでしょう。投資している最中にその企業が倒産した場合、株価の価値は一瞬にしてほぼゼロになってしまうので、信用リスクが高い銘柄は長期投資に向きません。

また、短期投資においては、投資する株の値動きと流動性に要注意です。多額の投資資金がある場合は、そんなに値幅がなくても問題ないでしょうが、発行済み株式数の多い大企業の株などは、投資してもあまり短期では儲かりません。また、流動性とはつまり、株が市場に流通しているかどうかです。相場が全体的に下落している局面では、流動性が低い株は素早く売買ができないので損失が拡大するリスクも大きくなるでしょう。

まずは長期投資を狙う場合ですが、信用リスクが高いか低いかは、どのように判断すればいいのでしょうか？

赤字決算が継続するなど業績の悪い状態が続いている銘柄、財務体質の悪い銘柄などは信用リスクが高いですね。とくに、上場企業が**債務超過**[※1]に陥ったら、1年以内に債務超過状態から脱却しないと上場廃止になってしまいます。上場廃止になったからといって、株式価値がすぐにゼロになるわけではないですが、上場廃止によって流動性が低下し、株を換金することが非常に難しくなります。

もっとかいつまんでいえば、事業が不振で赤字決算を継続している企業の場合、自己資本（純資産）がだんだん食いつぶされていくことになります。こうした銘柄では、配当可能利益（純資産額－｛資本金＋資本準備金＋利益準備金＋要積立利益準備金｝）が減少して配当の支払いが不可能になったり、さらに自己資本が減少すると債務超過に転落していくことになります。何期間も赤字が続いている銘柄は長期投資の対象としてはリスクが大きすぎるのです。

では、投資先の銘柄の財務体質の良し悪しはどこで判断するのでしょうか？

財務体質を示す指標としては、自己資本比率（自己資本／資産）、流動比率（流動資産／流動負債）などが代表的なものです。ともに、高いほうが財務安定性は高いといえますが、業種によってばらつきが大きいため（不動産業界や建設業界などは一般的に自己資本比率は低い）、同じ業種内で比較することが望ましいでしょう。

いくら決算では「黒字」を計上していても、手形などの支払いを銀行から拒絶される、いわゆる不渡りが2回続くと銀行取引停止処分となり、事実上の倒産となってしまいます。そのため、キャッシュポジション（即時換金可能な資産）などの手元流動性がきわめて低い銘柄も長期投資の対象としては不向きです。これを測るには、1年以内に現金化される資産である流動比率と、1年以内に支払期限が到来する流動負債のバランスをみることが大切で、100パーセント以上あれば良好と判断されています。

表面上はよい経営でも、その経営状態が健全かどうかを見極める必要があるわけですね。では短期投資の場合に注意すべき点はなんでしょうか？

値動きの幅と流動性に気をつけるのはもちろんですが、イベントリスク（事前に予測できないリスク）にも注意が必要ですね。とりわけ、証券取引時間中の決算発表があった場合、発表後の株価の値幅はきわめて大きくなりがちです。

では、投資対象として魅力のあるものはどういった銘柄でしょうか？

当たり前ですが、業績のいい銘柄、株価の割安感が強い銘柄、上がるはずの局面でまだ上がっていない、いわゆる出遅れ感の強い銘柄などですね。業績のいい銘柄は、これまでの決算内容、今期の業績見通しなどが株価に反映されていますが、上方修正が期待できる銘柄、来期以降の業績拡大が期待できる銘柄なら、さらに有望な投資対象といえます。

業績の上方修正が期待される銘柄などは個人投資家でもわかるものでしょうか?

企業は四半期ごとに決算を発表しますが、発表までの収益水準が通期計画などに対して高い進捗状況であれば、株価も上振れ期待が高まります。ただ、企業によっては、四半期決算ごとの季節性が高いものもあり(公共工事関連は第4四半期に比重が偏る)、注意が必要です。

それと、増益率比較なども併せてみることが必要となります。通期の利益計画が10億円で前期比10パーセント増益、かつ、第1四半期の実績が5億円という2社があった場合、それぞれ第1四半期5億円の前年同期比が50パーセント増益の銘柄と同50パーセント減益の銘柄では、当然、前者の期待値が高くなります。

また、同業他社との比較では業績の連動性が高まりやすいものです。経済のグローバル化が進んでいるなか、同業他社は海外企業にも当てはまります。類似企業が好決算や上方修正を発表した場合、これから決算発表をおこなう類似企業などには期待感を高めてもいいケースが多いです。ただ、こうした銘柄などでも、出尽くし感の高まりなどには警戒する必要性が残ります。

出尽くし感とはどういうものでしょう?

業績が伸びたが好決算を発表するという見込みなどの好材料を織り込んで将来の期待感から買う、いわゆる「理想買い」をしてしまい、実際に好材料が発表されたときには、反対売買による利益確定の売りが優勢となることなどです。要は好材料による需要は出尽くしてしまった、ということですね。逆に、経営悪化などの悪材料が表面化することを織り込んで株価が下落、実際に悪材料が発表された段階では買い戻しが優勢となる、悪材料出尽くしといったケースもよくあります。

決算予想などの材料にすぐ飛びつくのではなく、発表前の株価推移なども注視して「慎重に、大胆に」なる必要がありますね。株価が割安か割高かどうかはどのように判断するのでしょうか?

三井さんが第1章でも説明された株価収益率(PER)、株価純資産倍率(PBR)、配当利回りなどが挙げられます。PER=株価／1株あたり利益(EPS)、PBR=株価／1

株あたり純資産（BPS）、配当利回り＝年間配当金／株価で算出されます。一般的に、EPSや年間配当金は今期の予想、BPSは前期実績を使います。PERとPBRは低いほう、配当利回りは高いほうが割安といえます。

EPSやBPSを算出する際には、1株あたりの価値が下がるかもしれないという「潜在的な希薄化」を考慮しておかねばなりません。転換社債や優先株を発行している企業では、将来的に株式に転換されて発行済み株式数が増加するので、現時点よりもEPSやBPSが小さくなってしまいます。

配当利回りに関しては、リスクとして配当の権利が有効な期間を過ぎた後に配当分だけ株価が下がってしまう「配当権利落ち」があります。利回りの高い銘柄ほど権利落ちの影響は大きいので、注意が必要です。とくに業績の悪い銘柄では、配当権利落ち分を埋めるまで株価が上昇するには時間がかかります。

ところで、同業者の銘柄は上がっているのに上がらないような〝出遅れる〟銘柄は、なぜでてくるのでしょうか？

まず、株価が出遅れている背景を考える必要があります。大株主の売却が株価の上昇をおさえているなど、短期的な需給要因がある場合は、すぐに上昇することが期待できます。その企業の個別要因で業績が悪化している銘柄は、その低下した水準が適正株価となっていくでしょう。そうではなく、なぜ出遅れているのか背景が不明な銘柄は、今後の悪材料が徐々に表面化してくるケースも多く、一気に下がるリスクがあります。流動性が乏しい銘柄も出遅れやすいものですが、この場合は、短期投資家は別として、長期投資家にとっては割安なときに投資できるチャンスともなり得ます。

いよいよ株式投資の核心に迫ってきましたね。自分がどういうスタンスで投資をするのか、短期か長期か、また、保有している株を手放すべきかどうか、「慎重に、大胆に」決断してください！

※1 **債務超過** 貸借対照表（バランスシート）上で負債が資本を上回る状況になること。解消するには、債務免除などで負債を減らすか、増資をして資本を厚くする必要がある

短期投資と長期投資のコツを学ぶ

いよいよ実践編に入っていきますよ！

「短期投資」と「長期投資」では狙い方が変わってくるというお話はすでにしましたが、では、具体的にどう違うのでしょうか。よく投資の世界でいわれるのは「短期投資」はテクニカル、つまり株価の変動のパターンを自身の経験や価値観から読み解く手法、「長期投資」はファンダメンタルズ、こちらは投資先の業績などの経済価値を重視するという傾向にあることですね。

「短期投資」のテクニカルにはどのようなものがあるのでしょうか？

上値《うわね》抵抗ラインという、株が買われる流れの際にそれ以上は株価が上がりにくい価格帯がありますが、そこを突破して上昇したときに、「買い」が「買い」を呼ぶ、いわゆる一段高を狙って攻めるという方法がありますね。または、逆に、投資先の何か悪いニュースが流れて株価が急落した際に、下げ止まったタイミングで買いを入れる方法もあります。それぞれ、「順張《じゅんば》り」、「逆張《ぎゃくば》り」と呼ばれるまったく逆の投資スタンスですが、どちらも短期投資に適した投資手法ではないかと思います。「短期投資」で1割、2割程度の上昇率で「売り逃げ」を狙うような場合は、企業の業績発表を待つよりも、瞬時の判断で動く投資スタンスのほうが効果的なこともあります。

分析よりも勘が大事になる局面もありそうですね。ところで、順張り、逆張りの具体的な技術（テクニカル）を教えてください。

「順張り」は強いトレンド（瞬間的な上がり下がりではなく継続的に株価が上下すること）が発生しているときに効果を発揮するでしょう。これは株価の高値更新に伴う、どんどん値上がりする、いわゆる「上値追い」の展開などがその典型でしょうか。

一方、「逆張り」ですと、「株価がストップ安となったのでひょっとしたら反発するかもしれない」、もしくは「3日間大きく下落したからそろそろ反発するかもしれない」といったメンタル面の要素が大きいことが特徴でしょう。心理的な〝そろそろ感〟がメインなので、そこに明確で論理的な理由は、正直なところないのです。

ケーススタディ 1

オリエンタルランド〈4661〉
日足チャート

「短期投資」の順張りスタンス。25日線、75日線を突破した瞬間で取引に出ます。ただ、4月の高値を一気に上《うわ》抜《ぬ》け（一気に上昇すること）られなかったのでいったん利益を確定しました。

ギャンブル感覚ということでしょうか。しかし根拠もなく売買するのは怖いですね。

たとえば25日線で下げ止まったとかであればテクニカルリバウンド、つまりそろそろ上がる局面が狙えそうですが、明確な根拠が見当たらない状況で買いに走るのは勇気がいりますよね。３日連続でストップ安となったから４日目には反発して上がるという法則なんてまったくありません。そういう場合でも株が買われるときは、投資家が「そろそろ止まるのではないかという淡い期待感」をもっているということでしょう。個人投資家の方は、わりとこの逆張りスタンスが多いような気がします。

個人投資家は投機的ということなのでしょうか。それでは「長期投資」のファンダメンタルズを具体的に解説してください。「長期投資」は、言葉通り長く保有するというスタンスですから、業績の悪い企業の株はなかなかもちたくないものですね。となれば、好業績企業が「長期投資」の対象となるのですか？

それだけではないと思います。たとえば、いまは業績が悪くても、リストラなどを推進す

ケーススタディ 2

オリンパス〈7733〉
週足チャート

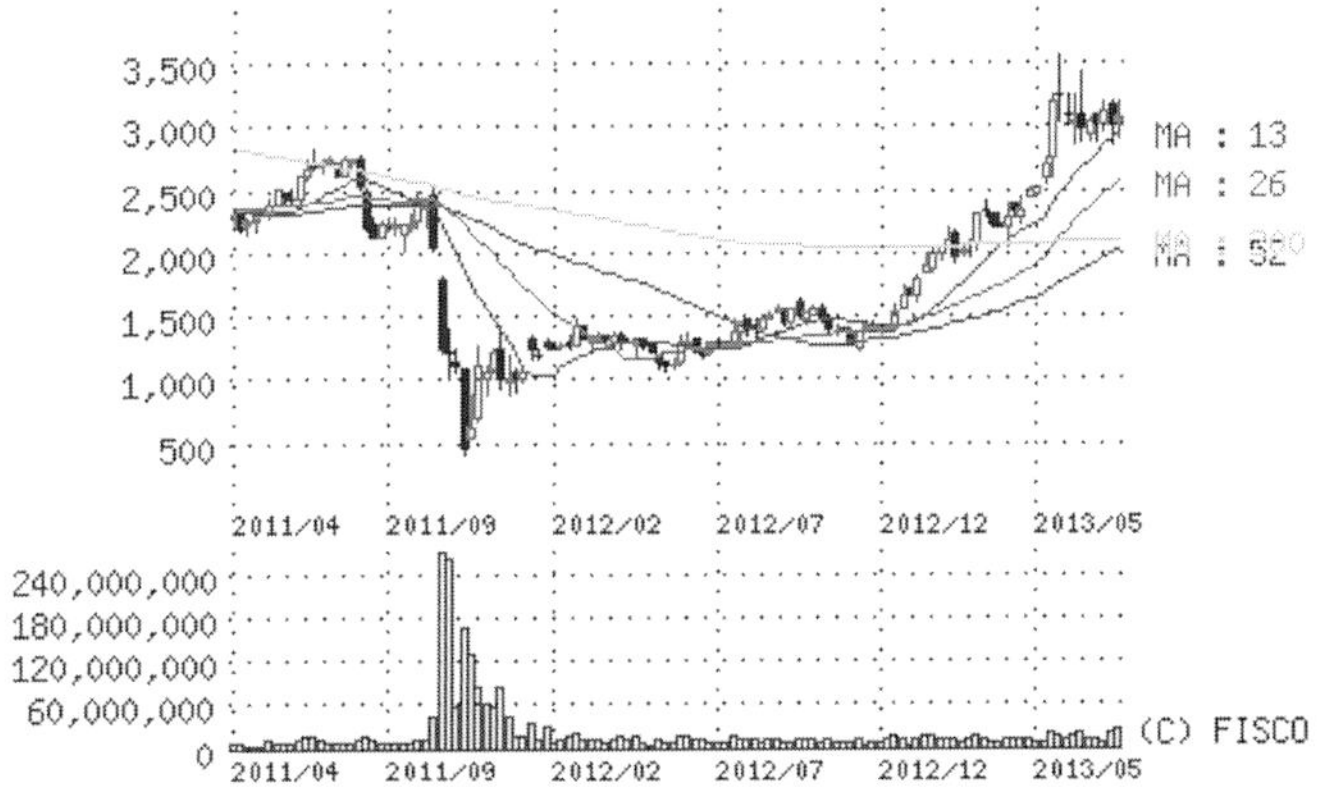

2011年10月の社長解任劇からスタートした一連の騒動で株価は急落し、急落前との比較では5分の1となりました。ストップ安を繰り返している間、そろそろ下げ止まるのではないかとの心理状態となった投資家が多数参戦したようです。

ることで今後、業績改善が見込まれる企業であれば、「長期投資」で最大限の成功をおさめることができるでしょう。とはいえ、「長期投資」の対象となる企業は、まず倒産リスクがないことが前提と考えますので、業績の回復を期待した赤字企業の長期保有は王道ではないといえますね。

「短期投資」はテクニカル、「長期投資」はファンダメンタルズといっても、それぞれ逆の投資スタンスもあり得るということですね。大変参考になりました。最後にもう一つ。個人投資家の方に薦めるとしたら、どんな手法でしょうか?

難しい質問ですが、その個人投資家のタイプによるというのがオーソドックスな答えでしょうか。個人的には、好業績企業の「長期投資」ですかね。やはり株は「長期投資」が一番安全だとさまざまな金融の専門家がいいます。「短期投資」は日々、マーケットをつぶさに観察しているうえで成り立つものだと考えています。それは、順張りだろうが逆張りだろうがその瞬間、そのタイミングをとらえて売買するわけですので。

ただ、日々、別の仕事を抱えているような個人投資家の方は、24時間パソコンの前に張りついているわけにはいきません。そのような方には、好業績銘柄の「長期投資」が無難ではないかと思います。日本人はもともと農耕民族で「待つ」「耐える」という概念を遺伝的に

ケーススタディ 3

商船三井〈9104〉
月足チャート

赤字から黒字への大きな転換をとらえられそうなタイミング。業績低迷に伴い株価も厳しい局面を迎えていたが、2012年には大胆な改革に着手。2013年度は黒字見通しとなり、業績は赤字脱却が見込まれています。

ケーススタディ 4

セブン&アイ・HD〈3382〉
月足チャート

2000円レベルでもみ合った後は緩やかに反転し、上昇に転じている。いったん下落したが下ヒゲ（株価がいったん下がったものの買いが入って株価が上昇した状態）を残して上昇トレンドは継続した。好業績企業の押し目狙い（上昇傾向の株価が一時的に下がるのを狙うこと）の典型的なパターンか。

保有していますしね。株価が業績を無視して下落している局面、たとえば、２０１１年の東日本大震災後の急落、２０１３年でしたら5月のアベノミクス相場の急反落ですね。そういったタイミングで拾うスタンス、つまり売り叩かれたときに安値で買うのが、深く悩むことなく堅実な株式投資を実践できるかなと思います。

個人投資家が逆張りに魅了されるのは、勝ち抜いたときのカタルシスがあるからでしょう。ただ、リスクはリスクとして、無理な投資はしないでくださいね！

株の買いどき、売りどきの見極めと「信用取引」の奥義を学ぼう

株価は株式の需要と供給によって決まるわけですから、買いたいという「需要」が大きければ株価は上昇しますし、売りたいという「供給」が上回れば株価は下落します。この需要と供給の関係が相場を動かす大小さまざまな材料となるわけです。

そして、すでに少し説明しましたが、株式取引には「現物取引」と「信用取引」があります。購入代金も売却する株式もすべて顧客が保有しているのが「現物取引」、顧客が証券会社に委託保証金もしくはその代用の証券を担保として預け、証券会社から株券あるいはお金を借りて、株式の売り買いをする取引を「信用取引」といいます。

証券会社が顧客に「信用を供与」しておこなう取引なので「信用取引」というわけです。「株式を買いたいが、十分な資金が手元にない」といった場合や、「株価が下がりそうなので売却をしたいが、手元に株券がない」といった場合などに、投資家が株式の売買をおこなえるように証券会社が買い付け代金を立て替えたり、売り付け用の株式を貸し付けることをいいます。つまり、この信用取引を使いこなすことができれば、自分の資金力以上の売買ができることになるのです。

まずは「需要」と「供給」の見極め方を教えてください。

表は東京証券取引所が発表している投資主体別の売買動向です。これをみると、２０１３年４月から７月にかけて外国人の買い越し（「買い」のほうが「売り」よりも多い状態）基調が継続していることが一目瞭然です。外国人の買い越しは、２０１２年10月から続いていますので、投資家は明らかに民主党から自民党への政権交代に伴い日本を〝買い〟とみていることになります。欧州情勢の緊張や中国の景気鈍化への警戒が根強いなか、より日本への投資を本格化したことがうかがえます。これが買い需要となり、日本株を押し上げた格好です。

投資主体別売買動向

単位：億円

	日付	自己	個人	外国人	投信	事業法人	生・損保	都地銀	信託銀
現物	13/04/01	2,298	▲6,518	7,148	253	▲286	▲395	▲124	▲1,622
	13/04/08	▲1,728	▲8,849	15,865	▲702	▲550	▲177	▲189	▲2,517
	13/04/15	▲35	3,246	▲1,539	15	54	▲418	▲46	▲1,591
	13/04/22	1,686	▲4,707	5,353	664	▲321	▲304	▲138	▲1,562
	13/04/30	▲918	544	▲29	246	39	▲179	7	31
	13/05/07	135	▲5,525	7,271	278	▲454	▲144	▲166	▲167
	13/05/13	196	▲2,793	6,297	272	▲21	▲413	▲169	▲2,514
	13/05/20	▲310	4,080	▲44	394	387	▲53	▲165	▲4,659
	13/05/27	▲2,668	2,157	▲1,270	1,037	725	6	9	▲219
	13/06/03	2	▲1,410	1,608	28	888	▲17	▲43	▲1,092
	13/06/10	▲3,896	2,395	461	858	546	▲23	▲41	▲618
	13/06/17	113	▲1,057	487	205	80	24	26	▲89
	13/06/24	▲267	▲4,404	4,151	483	▲283	▲21	▲45	844
	13/07/01	▲175	▲3,224	4,301	105	▲122	▲163	14	▲388
	13/07/08	272	▲2,154	3,321	▲233	▲181	▲87	▲28	▲839

需要と供給の要因自体は、相場全体に影響するものから、個別企業にとどまるものまでさまざまですし、その主役が外国人ではなく、個人投資家の場合も多く見受けられます。わかりやすい例として、日経平均と先物との関係を挙げてみましょう。

日経平均株価は225銘柄で構成されていますね。

先物は一定の証拠金（担保のようなもの）を差し入れることにより、現物で買うよりも10分の1程度の金額で取引をすることができます。なので、日経225先物の10倍程度と同金額とすることができます。

そのため、今後は相場が大きく上昇すると判断したら、まず先物で手当て買い（買い注文がくることを予想して買っておく）をおこないます。基本的に日経平均の現物と先物は同じ商品ですので、先物が上昇し現物の価格と大きく差が開くと、現物が割安と判断され、現物に買い需要が発生します。

なるほど。では、株価指数から個別銘柄の値動きを分析する際に需給をはかるうえでの注意点は？

定期的に実施される日経平均構成銘柄の入れ替え（リバランス）は、対象銘柄の需給に大きな影響を与えます。たとえば、Aという銘柄が日経平均に採用されたとします。日経平均に連動するポジション（持ち高＝売買した株をまだもっていること）をもっている投資家は、新たに採用された銘柄を組み入れないと、日経平均と連動した持ち高を保持することができません。同様に、Bという銘柄が除外になった場合でも、Bの銘柄をもっていると連動性がなくなります。日経平均に連動させるため、A銘柄への買い、B銘柄への売りという需給要因が発生します。

そのほか、世界のファンドはさまざまな指数をベンチマーク（運用する際に目標とする基準）としています。このベンチマークを少しでも上回ることができれば運用は成功でしょう。

たとえば、日経平均採用銘柄にファーストリテイリングがあります。高い株価のため日経平均指数に対する影響が大きい銘柄としても有名です。もし、ファーストリテイリングの株価が大きく上昇している場合、この銘柄を少しでも多く保有していれば、確実にパフォーマンス（投資成果）が上がるでしょう。割高感があっても、買わないとパフォーマンスが他のファンドに出遅れるとなれば、買わないわけにはいかなくなります。

このように、高値警戒感が強くても買わざるを得ない需給状態もあります。当然、反対の動きをみせてくると、今度は売られすぎと思っても、ポジションを外さないわけにいかなくなります。

では次に信用取引についてお伺いします。〝信用〟ならば、当然それに対する〝保証〟も必要になりますね。

もちろん。購入代金や株式を借りるわけですから、そこには「担保」を差し入れる必要があります。この担保のことを委託保証金といいます。建玉（売買の後の未決済の）代金に対する「担保」の割合のことを委託保証金率といいます。委託保証金率30パーセントなら、30万円で１００万円分の取引が可能になるということです。投資資金に対して約3倍強の取引ができるわけです。

いわゆる〝レバレッジ〟というやつですね。もっとくわしく！

たとえば、手元資金100万円で1000円の株式を1000株購入したとします（手数料は考慮せず）。この株式が100円値上がりした場合、収益は10万円になりますが、信用取引で3倍の3000株を購入していれば、同じ100万円投資でも30万円の利益となるわけです。テコ（信用）を利用して本来10万円のリターンを3倍にする。これがレバレッジ（テコの原理）を利用した取引です。

おいしい話ですね。でも、リスクはないのでしょうか？

信用取引で売買した株式が、その後の株価変動によって大きな評価上の損失を出した場合や、担保にした代用の有価証券の値下がりによって必要額が不足してしまった場合には、委託保証金を追加で差し入れしなくてはならないのです。これを追加保証金（追証）といいます。ここが、「信用取引」は怖い、危険と思われがちなところでしょうか。

とはいえ、リスクを上手にコントロールすれば、高いリターンを得ることができるのは事実です。きちんとした知識をもてば、投資家にとっては利用価値が高い取引手法といえます。

信用取引でも需給要因は出てきますか?

信用で〝買った場合〟を考えてみましょう。その後、株価が下がったとします。ある程度までは我慢ができますし、追加担保を差し入れることもするかもしれません。我慢の限界がきたときには売却するタイミングとなるわけですが、これが売り需要です。大商いをこなして上昇した銘柄ほど、その後の情勢が厳しい(株価が伸び悩み、あるいは下落する)と潜在的な売り需要が大きくなるでしょう。

そのため、株価が再び上昇に転じるためには、信用の買い方の需給整理が必要になります。つまり、お金を借りてきて株を買っている信用取引の〝買い残高〟(「買い残」ともいう)が積みあがった状態で株価の先行きが怪しくなると、この買い残を解消しようとする売り圧力が強まります。

話を整理しますと、「お金を借りる→株を買う→株を売る→お金を返す」という流れのなかで、お金を返さねばならないので株を売らねばならないという圧力が強くなるということですね？

そのとおり。そこでみておきたいのが信用倍率です。これは買い残高を売り残高で割って算出したシンプルな数値です。これが1倍台であれば「売り買い拮抗」で問題はないですが、2倍、3倍、4倍と上がることによって「戻り待ち」の売り圧力が強まるといわれます。

一方、信用は売りもできますから、上昇局面では1倍から0・9倍、0・8倍となっていく傾向があります。この状況は、買いと反対で、売っているほうが買い戻しを迫られる心理状態ですので、上昇に弾みがつく局面があります。

実際の手持ち資金を超えた取引ができる「信用取引」は魅力的で、レバレッジなどのハイリスク・ハイリターンな売買も可能になりますが、そういうときこそ需要と供給、つまり、売りどきと買いどきを誤らないように気をつけましょう！

企業業績のウラのウラを知りつくして、株価をはかろう

企業業績とは企業の売上高や利益のことです。企業が四半期に一度発表する決算によって、こうした業績動向を確認することができます。決算で明らかにする財務諸表の一つに、費用と収益の状態を表す損益計算書があり、そこで示されている売上高、営業利益、経常利益、当期純利益などが、主に企業業績の数値ととらえられています。

企業の大半は3月決算であり、前年4月から3月までが1つの年度となります。２０１２年度の決算といえば、通常は、２０１２年4月から２０１３年3月までの期間の業績を示します。第1四半期決算は4～6月、第2四半期決算は4～9月期の累計、第3四半期は4～12月期の累計、そして通期、つまり1年間の決算発表と続きます。

企業業績の良し悪しは、どうやって判断するのでしょうか？

企業業績が良いということは、売上高や利益の、前年との比較での変化率によります。経常利益が50億円の企業同士であっても、前年の水準が25億円、１００億円の企業であれば、

それぞれ前年比2倍（１００パーセント増益）、同50パーセント減益となり、前者は業績が好調、後者は業績が低迷ととらえられます。

いくつか分類されている利益の意味はどういうものなのでしょうか？

営業利益は、企業の事業活動のなかで生み出された利益のことです。売上高から人件費や原材料費などの製造コスト、本社部門の人件費やもろもろの経費を差し引いたものです。経常利益は、事業活動以外の収支を営業利益に加えたものです。主なものとしては、収益では利息収入や受取配当金、支出では支払利息などが挙げられます。経常利益から税金の支払い、さらに、通常は計上されないものの、その決算期間だけ特別に発生した特別利益、特別損失などを加えたり引いたものが当期純利益となります。この当期純利益が一般的には配当金の原資となります。

そういったなかではどの数値がもっとも株価に影響するのでしょうか?

以前は経常利益が最重要視されていましたが、現在では営業利益に重点が置かれている印象が強いです。本業でどれだけ稼いでいるのかに対する関心が強まっているほか、金融収支は決算期ごとにそれほど大きな変化がないためだと思われます。

とくに、ハイテクや自動車などの輸出関連企業は、営業利益で業績の良し悪しが判断される傾向が強いです。一方、銀行や総合商社などは純利益が主要な指標となっています。総合商社に関しては、グループ海外企業なども多く、それらの収益が反映される純利益が注目されるのです。それ以外では、石油元売り会社などは、原油価格の影響によって在庫の評価益が大きく変化するため、営業利益から在庫評価益を除いた数値で評価される傾向にあります。

また、短期資金が売買の中心となるような低位材料株(株価は低いが人気になる要素がある株)においては、配当の直接的な原資となる当期純利益に関心が向かいやすいです。ただ、こうした材料株(人気になる要素がある株)に関しても基本的には、本業の儲けとなる営業利益で評価すべきであると考えます。

業績修正についても教えてください。

一般的には、売上高で10パーセント、経常利益や当期利益で30パーセント、会社側の計画と乖離した場合には、業績修正を発表することになっています。新年度の業績予想を公表しない銘柄も最近は増えてきましたが、だいたいの銘柄は上半期と通期の業績予想を期初に発表するため、上半期決算や通期決算の発表直前のタイミングでは、こうした業績修正を発表する銘柄が多くなります。第1四半期前や第3四半期決算では、発表前に上半期・通期の業績修正を発表する銘柄は少なく、決算発表と同時に修正する銘柄が多いようです。

やはり好業績銘柄、つまり業績変化率の高い決算、上方修正を発表した銘柄の株価が上昇しやすいということでしょうか？

株価にどの程度、業績が織り込まれているかが焦点であり、それに対してポジティブなサプライズがあれば株価は上昇しますが、市場の想定どおりの好決算であれば、株価の反応は限定的になります。むしろ、決算への期待感が先行していたのであれば、好決算発表が利食い売り（利益確定売り：値上がりした分の利益を確定させるために売る）のタイミングとも位置づけられてしまうでしょう。

たとえば、第１四半期の営業利益が前年同期比で50パーセントの増益という大幅な増益決算を発表しても、もともと、会社側の上半期営業利益計画が50パーセント増益であれば、想定どおりの進捗ですから、株価への反応はないはずです。また、上半期営業利益計画を１００億円から２００億円に上方修正したとしても、第１四半期決算ですでに１２０億円を計上していたのであれば、上方修正は当然ということになります。

ちなみに、後者の場合でいうと、上半期計画１００億円に対して、第１四半期で１２０億円を計上しているので、第１四半期の決算発表時点で上半期計画の上方修正を織り込んで株価は上昇しているはずです。

では、短期的な株価の反応は企業の計画値との比較が重要ということになるわけですか？

大方はそういうことになりますが、銘柄によっては、企業側の業績計画とは違った水準で株価が形成されていることがあります。あくまで、短期的な株価の反応は市場予想との比較感で、ということがいえます。

市場予想とは具体的にどういうものなのでしょうか？

大手証券会社や外資系の証券会社にはアナリストが在籍していて、それぞれが各自で分析した業績予想をつくっています。市場予想（コンセンサス）とは、こうしたアナリストの予想の平均をいうわけです。市場予想が企業の計画値よりも大幅に〝上〟の場合、たとえば、会社側の通期営業利益計画100億円に対して、市場予想が200億円であった場合、第1四半期の決算などで100億円が150億円に上方修正されたとしても、プラスの反応はみられないことになります。

大企業となると、20人程度のアナリストの予想平均がコンセンサス形成に使われます。また、企業側では第1四半期や第3四半期の業績予想は示しませんが、市場予想は存在します。ちなみに、アナリストの予想がまったくない中小型株などの場合は、企業側の予想がそのまま市場予想になるほか、東洋経済新報社が刊行する「会社四季報」による四季報予想などがコンセンサスとして比較対象となるケースもあります。

では、1年間の業績が確定する通期決算は ほかの四半期決算と比べて位置づけが違うのでしょうか?

最大の相違点は、通期決算の発表時点では、新年度の業績予想が同時に発表されることです。株式市場の注目度も、実績数値より新年度の見通しに比重がかかります。この見通し数値が、市場予想や四季報予想と比較して上なのか下なのかで、株価の反応がわかれることになります。この場合でも、増益率の大小ではなく、市場予想との比較が短期的な株価の動向を左右するわけです。

ちなみに、一般的に会社側の業績見通しは慎重なもの、保守的なものになりがちです。このため、期初の段階では、市場予想を下回る業績見通しを発表する銘柄が多くなります。この場合でも、株価の反応はネガティブになりがちですが、あくまでもアナリストの市場予想は企業側の期初予想を当てるものではないことは強調したいところです。市場予想を下回る控えめな計画を出して売られた銘柄などは、安値買いのチャンスです。

一方、銘柄によっては、業績見通しが毎年、努力目標的な楽観的な見通しに過ぎないものも多くあります。こうした銘柄であっても、市場予想を上回る業績見通しを受けて、ストレートに株価はプラスの反応を示す傾向があります。本決算前には、こうした銘柄の先回り買いが妙味となりますから、こうした企業のクセをチェックしておいたほうがいいでしょう。

業績では利益の数値以外で注目するものはありますか?

個別銘柄や業種、テーマによっては、業績数値よりも重要視されるのが受注高です。とりわけ、受注から売り上げ計上までのタイムラグが長い建設や機械、半導体製造装置などの業種で注目されます。平均的なタイムラグが3ヵ月程度であれば、第1四半期に受注したものが第2四半期に売上計上されるため、業績の先行指標となるわけです。とりわけ、業績の低迷が続いている銘柄において、受注の好転が明らかになった場合などは、中期的な投資チャンスととらえることができるでしょう。

業績、利益、それから発表のタイミングや企業やアナリストの思考など、やはり企業や業界によってそれぞれ傾向がでるものです。企業や金融機関のホームページをみる視点も備わってきましたね！

M&AとTOBは株価にどのような影響を与えるのか

M&A（mergers and acquisitions）とは企業の買収や合併の総称です。一方、TOB（takeover bid）とは株式の公開買い付けを指します。

M&Aには合併や買収、事業譲受などが含まれ、株式交換やTOB、LBO（レバレッジド・バイアウト）などさまざまな手法があります。過去には、スティール・パートナーズや村上ファンドなど、アクティビスト・ファンド（いわゆる物いう株主）の台頭、ミタルスチールを代表格とする株式交換によるM&Aの隆盛が日本市場でも話題となりました。ライブドアによるニッポン放送の敵対的買収などもありましたね。

一方、TOBとは不特定多数の株主から市場外で株式などを買い集める制度のことです。買い付け期間、買い付け株数・買い付け価格などを公告します。金融商品取引法では、一定の大規模な株券などの買い集め行為（著しく少数の者からの買い付け行為で株券等所有割合が3分の1超となるものなど）に対し、TOBを実施することを義務づけています。

M&Aは株価にどのような影響を与えるのですか？

通常、ある企業（買収企業）がどこかの企業（被買収企業）にM&Aをかける場合、被買収企業に買収プレミアム（市場価格と買い付け価格の差）が付与されるケースが多くみられます。よって、プレミアムをつけないと、既存株主が株式を売却せず、M&Aが成立しないためです。よって、M&Aの動きが表面化した場合、被買収企業の株価は買収プレミアムがわからない段階でも急騰するケースが多くなります。

また、日本市場で話題となったM&Aは敵対的買収が多いです。これは、被買収企業の経営陣が反対しているM&Aのことです。対して、経営陣が賛成しているM&Aは友好的買収といわれます。敵対的買収のほうが株価に与えるインパクトは大きくなります。買収を避けるために、**ホワイトナイト**[※2]が登場してTOB価格の引き上げ合戦がおこなわれたり、既存株主が売却しないよう株式価値を上げるため、大幅増配などの株主還元策が実施されるためです。

では次に、TOBの対象となった銘柄の株価はどうなるのでしょうか?

買い付け株数の上限がなく（応募株数の全株を引き受ける）、被買収企業の上場廃止なども示唆している場合は、ほぼTOB価格に鞘寄せ（相場変動して値段の開きが小さくなる）していくことになります。まれに、TOB価格を上回る株価水準が付く場合もありますが、これは、買収の競合企業が現れる可能性のある場合や、TOB価格が明らかに低く、今後TOB価格の引き上げが想定されるケースなどが考えられます。

一方、買い付け株数に上限がある場合、TOBに応募しても抽選漏れするリスクがあります。この場合、TOB終了後は抽選に漏れた投資家の売却が予想されることで、早い段階でTOB価格からの株価下放れ（株価が急落してそれまでの水準を突き抜けて下がること）が想定されます。このため、TOB価格まで株価が到達することはありません。ただ、被買収企業が買収企業に買収されることで、中長期的な業容拡大などが想定される場合は、それほど時間を要せずに、TOB価格を上回ってくるようなケースもあります。また、買収企業による将来的な追加取得の可能性も残っています。

ＴＯＢで注意する必要があるのは、買収企業に対して株式を売却することが決まっている場合などでしょう。とくに、株式売却企業のリストラに伴うものであった場合などは、ＴＯＢ価格は現値水準よりも低くなる可能性が高いと考えられます。ＴＯＢ価格が高ければ、第三者からの応募が増加して、株式売却企業が想定していた株数を売ることができなくなるためです。

「Ａ企業がＢ企業を買収、Ｃ企業から株式を取得」などといったニュース速報が流れた場合、その瞬間にＢ企業の株価は上がるケースが多いのですが、市場が終わる引け後にはＴＯＢ価格が現値よりも相当低下し、翌日に売り先行となる可能性が高くなります。

では、M&A、それに伴うTOBなどはこれから日本で増えていくのでしょうか？

ポイズン・ピル[※3]（毒薬条項）などといった買収防衛策の拡充によって、日本企業に対する敵対的買収の動きなどは減少してきています。ただ、日本企業同士の友好的な買収はこれから増えていくことが予想されます。とりわけ、雇用改革の進展として「解雇規制の緩和」などが実現した場合、企業の人件費などの固定費が大幅に低減されることに伴って、Ｍ＆Ａが推進されやすくなるでしょう。ちなみに、「解雇規制の緩和」が実現した場合、外資系企業の日本進出も盛んになるとみられ、海外企業による日本企業のM&Aが増加する可能性もあるでしょう。

そのほか、M&Aが活発化しそうな業界などはありますか?

日本は海外と比較して、同じ業界での有力企業が多いですから、大企業同士のM&Aは増加していくことが期待されます。直近では、新日鐵と住金の経営統合が起こった鉄鋼業界などは、グループ会社同士でのM&A、スケールメリットを追求するための大合併などが見込まれます。

また、一つの業界でM&Aがおこなわれた場合、バイイングパワー(買い手の購買力)の拡大に対抗するため、取引先となる業界でもスケールメリットの追求がおこなわれやすくなると考えられます。鉄鋼業界と自動車業界、家電業界と家電量販店業界などは、こうした交易条件の改善を求める動きが強まりやすいでしょうね。

ではM&Aが起きた際に株価に与えるリスク要因はありますか？

傘下企業を親会社が完全子会社化する場合、Ｍ＆Ａがディスプレミアム（低プレミアム、買い付け価格と市場価格の差が小さい）になるケースもあります。業績不振企業の場合などは、株式交換でＭ＆Ａが実施された場合、株式交換比率が被買収企業の株主にきわめて不利になることもあります。先のＴＯＢでも例を挙げましたが、うっかり速報ニュースに飛びつくと、思わぬ不利益につながることも多いでしょう。

ただ、業績がしっかりしている企業などの場合は、いくら親会社が買収企業であろうとも、被買収企業の株主が不利益を被るようなＭ＆Ａはおこなわれません。株主代表訴訟などで被買収企業が訴えられる可能性もあるでしょう。Ｍ＆Ａを株価材料にするにしても、被買収企業の業績動向など、ファンダメンタルズはきわめて重要だと判断されます。

いままでは社員やその家族以外には関心もなかったような企業の合併や買収のニュースも、投資家にとっては耳よりな情報でした。買い付け価格と市場価格を見極めるのがポイントですね！

※2 **ホワイトナイト**　敵対的買収を仕掛けられた会社の経営者が、友好的な第三者である会社に買収してもらうことで会社を守ろうとする際の第三者を指す。ライブドアとニッポン放送の買収騒動の際は、現ＳＢＩホールディングスの北尾ＣＥＯがニッポン放送のホワイトナイトとなった

※3 **ポイズン・ピル**　被買収会社が既存株主に対して、あらかじめ時価よりも安い価格で新株式を引き受けることができる権利を与えておき、敵対的な買収が宣言された場合など、これを株式に転換することによって1株あたりの株式価値を希薄化させるなどの効果を期待する対抗策

コーポレートアクション（自社株買いなど）がホンモノかどうかを探ろう

コーポレートアクションとは、上場企業における財務上の意思決定の総称です。具体的には、自社株取得・消却、株式分割・株式併合、公募増資や第三者割当増資、合併などが挙げられます。それぞれ、株式の価値に影響を与えます。

自己株式取得：企業が自己資金を使って自社の株を株式市場から取得すること
自己株式消却：企業が取得した自己株式を消滅させること
株式分割：発行している株式を分割して株式の数を増加させること
株式併合：分割とは逆に数株を1株にまとめて、発行済み株式数を減少させること
公募増資：新株式の発行形態の一つで、広く一般的に募集するもの
第三者割当増資：特定の第三者に対して新株式を発行するもの
合併：複数の会社が合わさって一つの会社になること

自己株式取得（自社株買い）は、需給面と株式価値の向上という2つの点で株価に対して

ポジティブな影響を与えます。自社株買いを発表した企業は、取得する期間、取得する最大限の株式数（金額）を公表します。一般的には、自社株買いは市場で買い付けられるケースが多いため、当該の銘柄の明確な買い主体が登場することになります。株価の下支え材料につながるほか、出来高（株の売買取引の成立数）の薄い企業などでは、自社株買いが株価の上昇に明確に直結するようなケースもみられるのです。

実際のところ、自社株買いは完全に実施されるものなのでしょうか？

取得する株式数や金額はあくまで上限が示されているだけであり、下限は示されていません。つまり、自社株買いを発表したのに、実際にはまったく自社株買いがおこなわれないケースもあります。自社株買い発表銘柄の過去の自社株買い実績は要チェックです。また、取得期間にかかわらず、短期間で上限いっぱいまでの自社株買いをおこなってしまう銘柄もあります。こうした銘柄は毎回、同じような取得方法を採るケースが多いようです。

注意する点は、自社株買いが終了すると需給期待が後退して、株価の下落要因になってしまうことです。また、通常、上限いっぱいまで取得する銘柄は、取得期間の途中で自社株買いを完了させるケースが多いようですが、上限まで取得しないような銘柄では、取得期間の最終日に接近するにつれて、先行きの需給期待が徐々に低下して、株価が下落していくものもみられます。

自社株買いは株式価値の向上にもつながるのですか?

発行済み株式数が減少するので、利益水準などを一定とすれば、1株あたりの利益や資産価値は上昇することになります。正確には、自己株式を取得した段階では発行済み株式数は減少せず、消却(発行済みの株数から取り除く)をおこなって初めて減少することになります。取得した自己株式は場合によって、再度株式市場に放出されたり、企業買収の際の株式交換などに使用されたりもします。

ただ、アナリストなどがPERの要素となるEPS(1株あたり利益)などを算出する際には、一般的に発行済み株式数から自己株式を減少させた数値を使うケースが多いようです。そのため、自社株買いによってPERやPBRが低下し、株価の割安感が強まることになります。なお、自社株が売り出された際には再度、1株あたりの価値が低下することになっていきます。

株式が消却されるとどういうことが起きるのですか？

株式が消却された場合は、取得した自社株は完全に消滅するので、後から自己株式が売り出されることはありません。株式消却は、株式価値算出にはほとんど影響を与えませんが、将来的に再度の希薄化懸念を低下させるという意味で、重要な株主還元策の一つなのです。

株式分割は株価にどのような影響を与えるのでしょうか？

株式分割は、直接的に株式価値を変えるものではありません。ただ、株式分割によって、その銘柄を購入する最低単位の売買金額が低下するため、とりわけ、株価水準の高い銘柄の場合、個人投資家層の広がりが想定されます。株式の流動性（市場での売買量）は株式投資のリスク要因の一つでもあるため、流動性が向上すればその分、株価は上昇することにもなります。

全国の証券取引所では、すべての上場国内株式の売買単位を１００株に集約すべく、「売買単位の集約に向けた行動計画」を発表して推進しています。このため、これまで1株単位だった銘柄は、売買単位のくくり直しと併せて、株式分割をおこなうものも多くなっています。たとえば、１：１００の株式分割を実施しても、売買単位を1株から１００株にすれば最低売買単価も変化がないので、株価に与える影響はほとんどありません。

株式併合は株価に対してポジティブな面はあるのでしょうか？

一般的に株式併合がおこなわれるのは、発行済み株式数が時価総額の水準などに対して多くなりすぎている状態を是正するためです。こうした状態になりやすいのは、比較的、優先株や第三者割当などの増資を頻発した銘柄ですね。つまり、増資を必要とする財務体質の悪い銘柄、業績の悪い銘柄が対象となりやすいのです。分割と同様に株式価値には変化がなく、最低売買単価は逆に上昇するため、株主にとってのメリットは少ないといえます。

あと、株価に対する増資の影響も教えてください。

最近ですが、増資インサイダー問題が株式市場を揺るがしました。事前に公募増資の実施を知らされた投資家が、当該企業の株式を空売りして、増資の発表で株価が急落したところを買い戻して利益を挙げるといったケースが多発したのです。このことからもわかるように、東京市場では増資に対するアレルギーが非常に強いのです。

なぜ、そんなに増資は投資家から嫌われるのでしょうか？

増資のネガティブな点は以下の2点です。発行済み株式数が増加するため1株あたりの株式価値が低下すること、需給悪化（株を売りたい投資家が多く、買いたい投資家が少なくなり、株価が下がる）が想定されること。

株式価値の低下に関してですが、増資によって調達した資金で成長分野の設備投資などをおこない、その結果、将来的には一時的な1株あたりの株式価値の低下以上の利益拡大につながることも想定できます。しかし、これまでの日本は経済の低成長が長期化していたため、こうしたポジティブな発想は高まりにくかったのかもしれません。ともあれ、調達資金の使途などをよく吟味する必要があるでしょう。

需給面に関しては、以前は公募株のつなぎ売り（株価が急落した場合に現物の株は売らずに信用取引でとりあえず売る）が需給の大きな悪化要因となっていました。公募株の取得が決まった投資家が、最初に当該銘柄を空売りして、取得した公募株で返済すれば、ほとんどリスクなしで儲けを得ることが可能でしたから（公募価格は一般的に現値水準よりも値引きされる）。ちなみに、売り崩して株価を安くすれば、その分公募価格が低く決まることにもなる状況でした。

ただ、こうした手法は２０１１年から禁止されており、以前と比べると需給に対する懸念は低くなっています。一方、公募株の受け渡し日には、公募株を取得した個人投資家などによる早めの「利益確定売り」などが膨らみやすい状況になることは変わっていません。また、公募増資が実施されるタイミングが重なりやすいことにも注意が必要です。株主総会の直後などは実施銘柄が相次いで発表されやすく、より需給悪化につながりやすいです。

いずれにせよ、株式市場で増資が多発する状況になると、企業が買収や新工場建設といった将来の成長に向けた積極策を打ち出した場合でも、資金調達リスクからあまり人気が集まらなくなってしまいがちです。

ところで、第三者割当増資は公募増資とは違うのですか?

株式価値が下がることは同じですが、短期的に売却する可能性は低いので、需給悪化の懸念は相対的に低いといえるでしょう。第三者割当増資を実施する企業は、経営再建や割当先との関係強化などが主な目的となります。

経営再建を主目的とするような場合、公募増資を実施することが難しい企業が多いので、株式市場では財務面に問題がありそうな銘柄と位置づけられます。そのため、割当増資に伴う財務安定化を評価する動きは強まりやすいですね。ただ、割当先企業によっては、過去にも割当先のオモチャにされてしまうケースも散見されたりしてますから、注意が必要です。

割当先が知名度の高い大企業の場合は、ビジネスチャンスの拡大が期待されます。株式市場では中長期的な利益成長を織り込む動きが先行するでしょう。また、将来的な割当先企業によるM&Aへの展開などを視野に入れる動きもありそうですね。

なかなかに高度になってきましたが、企業の意図や実状を察知して、株価の低下から逃げ遅れないように気をつけましょう！

ＩＰＯ人気の波に乗る秘訣とは何か

すでに第1章で説明したように、ＩＰＯとは「Initial Public Offering」の略で「新規株式公開」という意味です。株式会社はもともと、発行している株式が非公開となっていますが、市場を通じて一般投資家に公開することをＩＰＯというわけです。

ＩＰＯが好調だそうですが、それはなぜですか？

２０００年前後のＩＴバブル以降、ＩＴ関連企業を中心に競って新規上場する流れが続きました。当時は企業の事業内容や業績にかかわらず、初値が公開価格の何倍にも高騰するＩＰＯバブルでしたね。いまでもＩＰＯ銘柄にブックビルディング（新株の値段を決める際に投資家の需要を調査すること）から参加する投資家は大半が個人投資家ですが、ＩＰＯバブル当時の「ＩＰＯ投資は儲かる」という先入観がまだ残っているのではないでしょうか。

ただ、2006年以降は上場社数が大きく減っていますね。2006年といえば、「ライブドア・ショック」があった年ですが、関係はあるのでしょうか?

もちろん、ライブドアの強制捜査を受けて新興企業に対する見方が非常に厳しくなりました。その後は、リーマン・ショックや欧州の金融危機も重なり、2006年には188社だったIPOの数は2009年にその10分の1となる19社にまで急減しました。ただし、国内株式市場の持ち直しが追い風となり、2009年を底にして、IPOの数は増加傾向に転じています。2011年3月の東日本大震災による日本経済へのダメージにもかかわらず、2012年は46社と回復してきています。

たしかに上場社数は増えていますね。ただ、それだけがIPOが話題となっている理由なのでしょうか?

公開価格に対する初値の上昇率が高いことが個人投資家に人気なのです。2012年末から の半年間で、IPO銘柄の初値は公開価格を28社連続で上回りました。また、2013年6月に上場したリプロセルの初値は公開価格の5倍以上となるなど、公開価格の2倍や3倍の初値を付けるＩＰＯ銘柄も珍しくはありません。初値が公開価格を大きく上回る銘柄の特徴は次の２つです。

・成長イメージが湧きやすい事業をおこなっている
・公開規模が小さい品薄株

その企業がどのようなビジネスモデルで成長していて、今後も成長が続く可能性があるのかという点をチェックしましょう。先ほどのリプロセルは、ｉＰＳ細胞関連事業を展開していますが、２０１２年12月に京都大学の山中教授がノーベル賞を受賞して以降、アベノミクスの成長戦略でも長期的に援助が期待されていた有望株です。

品薄株とは流通量が少ない株のことですね。公開規模が小さい品薄株とはどういうことでしょうか？

公開規模というのは、企業が市場から吸収する金額を指します。具体的には、次の計算式でだされる金額を参考にすると良いでしょう。（＊時価総額とは異なるので注意が必要です）

公開規模＝公開価格×（公募株式数＋売り出し株数）

公開規模が小さいＩＰＯ銘柄は、公募株式数や売り出し株数も少ないため、市場に出回る株の少ない品薄株となります。ブックビルディングでは品薄株が当選する確率は非常に低く、どうしても買いたい投資家は初値に群がることになります。そのため、初値がドンドンと切り上がって、結果的に公開価格の2倍や3倍の初値が付くわけです。なので、いくら知名度が高い企業でも、公開規模が１０００億円を超えるＩＰＯ銘柄の初値は上がりづらいですね。

では、公開規模が小さいＩＰＯへの投資リスクとは何でしょうか？

最大のリスクは、初値が高くなりすぎてしまって、上場後に株価が下がってしまう可能性がある点です。初値が付くまではいわゆる「祭り」状態となるため、業績面やＰＥＲなどの株価指標などをやや無視した価格形成となってしまいます。そのため、企業価値が過大に評価される傾向にありますから、そこに飛びついてしまうと、上場後に株価が企業の実態価値に近づくなかで、大きく下落してしまうリスクがあるのです。

「初値から〇割下がったら買いどき」といった値幅の調整ではなく、過熱を冷ます１ヵ月程度の時間調整をみたほうが賢明です。また、成長事業を展開している企業なら業績が伸びているので、上場後初の決算発表に向けて押し目を拾う、つまり上がり基調のなかで一時的な下げを狙うスタンスも有効だと思います。

公開規模が小さいＩＰＯの買いどきを見逃さずに投資できれば、成功のチャンスがつかめそうですね！

日本の経済や株にも大きく影響する外国為替相場のカラクリ

個別銘柄をどう狙うべきかというお話はひとまずおしまい。

お疲れさまでした！

さて続いては、外国為替について学びましょう。「日本の株を買うのに外国為替なんて関係ない」とおっしゃらないでください。グローバル社会のいま、日本の経済や企業は外国為替相場と切り離しては成立しないのです。よくみなさんが耳にする「ＦＸ」も、「Foreign eXchange（外国為替）」に由来していますし、投資家には外国為替の知識が必要なのです。

国や地域によって流通するお金の種類は異なります。日本では円、アメリカではドルが使われています。欧州では、ドイツ、フランス、イタリアなどがユーロを使用しています。日本円をドイツやフランスでそのまま使うことはできないので、ユーロと交換する必要があります。為替相場とは通貨を交換するときの交換レートです。そして、このレートは絶えず変動しています。

通貨の交換レートはなぜ常に変動しているのか、その理由を教えてください。

通貨の交換レート（為替相場）、あるいはお金の値段が常に変動する理由はいくつかあると思います。相場変動の主な要因は「需要と供給の関係が変化すること」です。

通貨をリンゴにたとえて考えてみましょう。1個100円で売られているリンゴがあるとします。このリンゴは大変おいしいということを知った人たちがリンゴをどんどん買うようになりました。リンゴを売る人の数は変わらず、買う人が数人から数十人に増えた場合、どんなことが起きるでしょうか？

1個100円のリンゴの値段は上がりそうですね。1個200円でも買いたいという人が大勢いるかもしれません。そうなった場合、リンゴを売りたい人は100円ではなく、200円で売ることを考えそうです。その結果、リンゴの値段は100円から200円に上がります。

リンゴをドルに置き換えましょう。1ドル＝100円で買うことができたドルは、ドルの需要が急増した結果、1ドル＝200円に上昇しました。ちょっと極端な例かもしれませんが、需要と供給の関係が変化すれば、通貨の交換レートは大幅に変動する可能性があるということです。

需要が増大すると値段は上がるということですね。
でも、通貨の値段は上がったり下がったりしています。

一般的には、買い手側の需要を上回る量が供給されれば価格は下落します。ドル・円相場が変動する仕組みも基本的にはこれと同じです。ドルの需要が増大すればドル高になり、需要が減少すれば、ドル安になります。この要因はさまざまです。日本円を基準にして考えると、ドルの需要が増大すれば、円安になり、減少すれば、円高になります。

需要と供給のバランスが変わると
為替相場が動くという理屈は理解できましたけど、
需要供給の関係はいつ変化するのでしょうか？

ドルの需要が増大するケースを考えてみましょう。観光旅行などでアメリカを訪問する人が増えるケースです。アメリカの通貨であるドル（現金）をある程度用意する必要があるので、円とドルを交換することが多くなるはずです。

日本と外国との貿易取引でアメリカなどからの輸入が増えた場合にも、ドルの需要は増大します。輸入製品の代金をドルで支払うため、ドルを用意しなければなりません。円を売って、ドルを買う人は必然的に増えることになります。理論的には、外国からの輸入額が日本から外国への輸出額を上回った場合、円の需要は減少し、為替相場は円安方向に動くことになります。需給関係が変化するのは、このようなときです。

需給関係だけが為替相場の変動要因ではなく、ドル・円相場であれば、日本とアメリカの経済状態も無視できない要因になりそうですね。たとえば、日本とアメリカの金利差も含まれますか？

もちろんです。一般的には、お金は金利の高い国に流れていきます。日本円の金利はご承知のように、ほぼ0パーセントです。銀行に1000万円預けても、年間で1万円も利息がつかない状況です。これに対し、外貨預金をした場合、円預金よりもはるかに高い金利がつく場合があります。日本円でお金を預けるより外貨で預金するほうが得だと多くの人が考えた場合、円を外貨に換える動きが広がり、円安が進行する可能性があります。

日本銀行が大量の資金供給をおこなうことで円安になるという話をよく聞きます。

各国の中央銀行は、国内に出回るお金の量（資金）を毎日調節しています。資金供給量を大幅に増やすことによって経済活動が活発となり、景気回復が期待できるという理由で日本銀行は大規模な金融緩和策を２０１３年の4月にも導入しました。

ただし、日銀が資金供給量を大幅に増やせば、必ず円安になるというわけではありません。日銀は過去10年以上にわたり、大量の資金供給をおこなってきました。為替相場は円安方向に動くこともありましたが、２０１１年には1ドル＝75円台まで円高が進んだこともありました。日銀が大量の資金を供給しても、円を外貨に換えるような動きがなければ、円安になるとは限りません。

為替相場が変動する要因はいくつかあることは理解できました。でも、絶対的な法則は存在しないということでしょうか？

やや極端な例になりますが、米ドルの流通（供給）が途絶えた場合、その通貨を調達するために、日本円などを売却してドルを手に入れようとします。そうなった場合、円安が進行することは当然ですね。ただし、このようなケースは例外的であり、通常はこのようなことはまず起こりません。

為替相場の動きを理解することは、簡単なようでじつは大変難しいのです。為替相場の動きを決める要因は無数に存在するといえますが、為替相場を予測する場合、市場参加者がどのようなことに注目しているのかを予め知っておくことは重要です。アメリカの失業率や日銀の金融政策も重要な材料ですが、主要経済指標やアナリストの発言に対して市場参加者がどのような反応をみせたのかもしっかり確認しましょう。

外国為替相場を知りぬいて投資に活かすのはなかなかハードルが高そうですが、いま世界経済で何が起きているかということを把握するのは、日々の株式運用にも欠かせない要素です。グローバルに視野を広げて投資に挑みましょう!

世界の投資家が注目するアメリカの雇用統計とは何か

外国為替相場を知るなかでももっとも重要な要素といえるのが、アメリカの経済状況です。

よく「FRB」という名称が経済ニュースで登場しますよね。FRB（米国連邦準備制度理事会）はアメリカの金融政策を決定する、中央銀行にあたります。アメリカの金融政策は、世界各国の中央銀行の金融政策に影響しますから、世界中の市場に影響力をもつことになります。FRBには、「物価安定の促進」と「最大限の雇用確保」という、2つの使命が課せられています。「物価安定の促進」は、インフレ率でチェックし、「最大限の雇用確保」は、失業率でチェックします。

この失業率をもとにした雇用情勢に関する統計は、FRBが機能しているかどうかをはかる、もっとも重要な経済指標となります。発表機関は、アメリカの労働省の労働統計局です。毎月第1週の金曜日（アメリカ東部時間8時30分）に、前月分が発表されます。日本時間だと、アメリカが夏時間の場合は、午後9時30分、冬時間だと、午後10時30分になります。

アメリカの雇用統計に関して、くわしく説明してください。

雇用統計は、アメリカの労働省が、毎月12日を含む週、つまり月の中ごろでの雇用状況を調査します。調査対象により、2つに分類されます。

ひとつは、「家計調査ベース（Household survey）」です。調査の対象者は、農業労働者、自営業者、無給家族従業者などの約6万世帯です。

調査結果は、失業率＝失業者÷労働力人口×１００、という数字で表されます。労働力人口（16歳以上の働く意思をもつ人）のうち、失業者（調査期間中に労働に従事していないが、働くことは可能で、過去4週間以内に求職活動をおこなった人）の占める割合を表しています。

もうひとつは、「事業所調査ベース（Establishment survey）」です。調査の対象は、非農業部門雇用者数（Non-farm Payroll）といい、非農業部門、つまり主にサラリーマン層を雇用する事業所の「給与支払い帳簿（payroll）」をもとに集計します。対象事業所は39万社、従業員４７００万人で、全米の事業所の約3分の1を網羅しています。

毎月15万人程度の雇用者数の増加が、労働市場における景気回復の目安となっています。2013年現在では、FRBは、雇用情勢改善の条件として、過去6ヵ月の平均非農業部門雇用者数が20万人増加することを目安にしています。

また①産業の生産性と個人所得の現状、②労働市場の状況、③賃金インフレ率の動向などをはかるために「平均労働時間」も重要になります。

なるほど。でも雇用統計は、発表後も修正されているみたいです。これはデータとして精度が低いということなのでしょうか?

修正されるというより、じつは、そもそも3回に分けて発表されるのです。

たとえば、1月に発表されるのは前年の12月の雇用統計ですが、発表される1月の中ごろの時点では、データが70パーセント程度しか集計されていません。なので、2月に90パーセント程度のデータ集計にもとづく数値が発表され、3月に最終的な確定数値が発表されるのです。

そういうことなんですね。ちなみに雇用統計を参考にするための注意点はありますか？

まずは季節によって変動の幅があり、それによる修正幅も大きいこと。次に、失業率と非農業部門雇用者数が食い違うケースがあります。これは調査方法の違い、サンプル数の違いによるものです。

また、この数値は労働者が働いていることのみを示すもので、その労働者にとってやりがいや適性のある仕事をしているかどうかは判断できず、雇用の継続性や安定性を推し量るのは難しいという面もあります。このように自分の意に沿わないかたちでの就労を強いられている労働者を「潜在失業者」と呼びますが、こうした人々が好況で自分の求める職に就くためにそれまでの仕事から離れると、「潜在失業者」が本当の「失業者」として顕在化することになります。それに関連することですが、この数値のもととなる失業率は、景気回復と同時に下がるのではなく、遅行して低下するために景気の回復局面でのタイミングでは、数値に好況が反映されないことがよくあるのです。さらに、景気後退時に労働市場からドロップアウトしてしまい、就職をあきらめていた人々が、景気回復に伴う雇用機会の改善によって労働市場に職を求めて戻ってくる際には、労働力人口と同時に失業者数が増えることで、数値としての失業率はかえって上昇してしまう傾向もあります。

不況から好況に転じたときには、雇用統計が示すデータが〝本物〟かどうか、見極める目をもたなければいけないということですね。あと、雇用統計に関連していわれる「ジブリの法則」について説明してください。

「ジブリの法則」とは、スタジオジブリの作品が「金曜ロードショー」（日本テレビ系列）で放映されたとき、その放送した金曜日の深夜から翌週月曜日にかけての週末の間、株式市場や為替市場が荒れる傾向にある、というアノマリー（anomaly：合理的な説明がつかない現象）のことです。

先にも触れましたが、金曜日はアメリカの雇用統計の発表日なのです。世界でもっとも重要な経済指標の発表を受けて、株式・債券・為替市場の変動幅も大きくなりやすいのです。

ほかの映画を放送した金曜日も同じ傾向があるはずですが、ジブリ作品の放送日がより注目されるのは、それだけジブリの人気があるということなのでしょうね。では、アメリカの金融政策にまつわるニュースでよく聞かれる

「フォワードガイダンス」についても説明してください。

フォワードガイダンス（将来の金融政策指針）というのは、金融政策当局者が、「現状の金融緩和姿勢をいつまで続けるのか」という金融政策の先行きの見通しを表明することです。ゼロ金利を将来にわたって維持するような時間軸政策の手段として用いられます。

わざわざ難しい言葉を使うようですが、金融政策には「伝統的金融政策」と「非伝統的金融政策」があります。

「伝統的金融政策」では、政策金利がゼロ金利付近に低下した場合（ゼロ下限制約）、中央銀行は追加緩和手段を失ってしまいます。そこで、「非伝統的金融政策」として、量的緩和、つまり資金を市場にじゃぶじゃぶ投入する方向に移行しますが、将来にわたっても金融緩和を続けるとコミット（確約）することで、長期金利を引き下げることができるのです。

２００８年12月に、ＦＲＢのバーナンキ議長が、政策ＦＦ金利（フェデラル・ファンド・レート：民間銀行同士が無担保で相互に貸し借りをする際の短期金利）を０～０・２５パーセントに設定した当初「しばらくの間（for some time）」「長期にわたり（for an extended period）」というあいまいな期間を示唆していました。

アメリカの経済状況を知るための指標がわかれば、日本経済の予測も立てやすくなります。「アメリカがくしゃみをしたら日本が風邪をひく」という時代ではもうないのかもしれませんが、まだまだアメリカの経済的影響力は強いのです。

実際のところ、日銀は日本経済にどのような影響を与えているのか

いよいよ「最強アナリストQ&A」も最後の項目になりました。そこで、日本の経済を知るには避けて通れない、日本銀行（日銀）の役割を学びましょう！

いまさら説明するまでもないことですが、日本の経済を左右するのは中央銀行たる日銀です。通貨の供給量を調整したり、外国為替市場に介入したりして、経済の安定をはかるのが日銀の役割です。

日銀が黒《くろ》田《だ》東《はる》彦《ひこ》総裁の下、2013年4月4日に導入した新たな金融政策「量的・質的金融緩和」は、別名「異次元緩和」とも呼ばれました。外国為替市場では円安・ドル高が急速に進行し、4月初旬の1ドル＝93円台から5月9日には1ドル＝100円台に到達しました。これは4年ぶりのことです。企業業績の改善や米景気回復への期待もあることから、円安・株高の基調は当面崩れないとの見方が広がり、株式市場も賑わいました。

この「異次元緩和」には、何としてでもデフレを食い止めたい、そういう強い意志が感じられましたね。長引く不況で物価は下がりましたが、会社の収益や賃金も下がりました。「モノが売れない」状況を打開し、市場にお金を大量に流通させる手段が「大胆な金融緩和

策」だったのでしょう。そうすることによって、銀行などの金融機関もお金を貸しやすくなります。

日銀がどんなことをすれば、世の中に出回るお金の量が増えるのですか？

銀行などの金融機関がもっている国債、株式市場で取り引きされている上場投資信託（ETF）、不動産投資信託といった金融商品を大量に買うのです。購入したら当然、代金を支払うわけですから、市場に資金が供給されていきます。

黒田総裁は「国債購入を増やす」と言いましたが、日銀は10年以上前から大量の国債を買い続けています。今回は何か違うことでもあるのですか？

日銀が金融緩和のため購入してきた国債は、従来、満期までの期間が最長3年までのものに限定されていましたが、これからは「40年債を含むすべての国債」が対象になります。満期までの期間が10年以上ある長い期間の国債も対象になるのです。

満期までの期間が長い国債を買うと、何か良いことがあるのですか?

最大のセールスポイントは長期金利の低下が期待できることです。日銀が返済期間の長い国債を大量に買えば、国債の値段は上がりますが、国債の利回りは下がることになります。国債利回りの低下は銀行の貸出金利に連動するため、たとえば住宅ローンの適用金利は低下します。住宅ローンの利用者にとっては、長期金利の低下は朗報でしょう。

でも、その後の動きをみれば、長期金利は低下せず、逆に上がったみたいですけど……これって矛盾してませんか?

黒田氏が日銀総裁に正式に就任したのは2013年3月20日でしたが、じつは、長期金利はそれ以前から低下していました。債券市場は黒田氏が次期総裁になれば、経済成長促進のために国債市場に大量の資金を供給するだろうと予想していたからです。4月4日に発表された「異次元の金融緩和策」は市場の予想を上回る規模でしたが、国債市場に大量の資金が流れ込むと予想したことは間違いではなかったので、国債の「利食い売り=利益を確定するための売り」が相当入ったようです。

なるほど。やはり、市場の予想は先手先手の先ヨミなのですね。

長期金利が上昇した理由はもうひとつあります。それは、物価上昇率2パーセントの目標達成が期待されたからです。物価が上昇すると長期金利も連動して上昇します。およそ2年のうちに物価上昇率が現在の0パーセント近辺から2パーセントに上昇した場合、長期金利は少なくとも1パーセント程度は上昇すると予想されたからです。

国内の投資家は満期までの期間の長い国債を大量に保有していますが、2パーセント以下の利率で発行された債券も少なくありません。インフレ率が2パーセントを突破し、長期金利が2パーセントを上回った場合、投資家が保有する債券には「含み損」が発生することになります。日銀が国債を大量に購入し、物価上昇率2パーセントが達成された場合には、長期金利が1パーセント以下の水準にとどまることは不自然であると思われるからです。

なかなかうまくいかないわけですね。ただ、インフレ率が上昇しても長期金利の上昇を抑えることはできそうな気がしますけど？

インフレ率とはいま現在の物価上昇率のことですが、長期金利の水準は、今後の長期間にわたるインフレ、デフレや短期の金利に関する予想などに大きく左右されます。インフレ期待が高まると、長期金利は上昇しやすくなります。物価安定への期待が高くなると、長期金利はやや低下する可能性があります。10年国債の利回りは最近では0・8パーセント台で推移していますが、これは、インフレ期待に大きな変化はなく、短期金利（翌日物無担保コール：銀行間で取り引きされる、いわゆるコール資金で無担保で借り、翌日に返済する際の金利）は今後10年間、0・8パーセント程度で推移する可能性があることを示唆するものです。

話をわかりやすくするために、金利は「お金の値段」であると考えてみましょう。長期金利（国債の利率）0・8パーセントは、10年後もお金の値段が現在とあまり変わらないことを意味します。土地や株式の値段が10年後に2倍になると仮定した場合、投資家は国債を買うでしょうか？

合理的に考えると、そんなことはありえないはずです。長期金利の水準が0・8パーセント台であるということは、日銀が物価上昇率2パーセントを達成することは無理であると市場が考えていると解釈できます。

それはあまりに矛盾してませんか。ということは日銀の「異次元の金融緩和策」では、デフレ脱却は不可能ということなんですか？

デフレ脱却＝物価上昇率2パーセント目標の達成が不可能であるとは言い切れませんが、金融緩和策だけでできることには限りがあるということです。日銀は1999年2月に「ゼロ金利政策」を初めて導入しました。2000年と2006年にゼロ金利政策を解除したことがありますが、ゼロ金利政策が解除されたときも日銀による国債購入は継続していました。国債購入額は現在ほど多くはありませんが、「量的緩和策」は少なくとも10年以上続いています。

金融緩和策が物価動向に影響を与えるならば、現在のインフレ率が0パーセント前後であることはおかしなことです。市場参加者の間では、金融緩和だけで物価上昇率を引き上げることはできないとの意見があります。物価上昇にはさまざまな要因がありますが、一般的には、需要だけが増大し、需要と供給のバランスが維持できなくなる現象、あるいは原材料価格が大幅に上昇し、そのために生産コストが上昇する現象などが挙げられます。しかし、金融緩和策はこれらの現象を直接生み出すものではありません。

そうですよね。政策的に仕掛けたインフレとは違うかたちでインフレが発生してしまうことは、当然ありますものね。

金融緩和によって需要が増大したり、生産コストが上昇することをうまく説明できない場合、金融緩和によって物価が上昇することは予測できないはずです。ちょっと厳しい言い方になりますが、日銀による「異次元の緩和策」とは「風が吹けば桶屋が儲かる」ということわざぐらいに考えることが無難かもしれませんね。

アベノミクス、金融緩和といったフレーズに踊らされることなく、本当に賢く儲けるためには、あらゆるニュースを疑うことも必要です。そうやって自分自身の判断、価値観にもとづいて投資で勝ち抜くのが、やっぱり株式投資の醍醐味ですよね。

さあみなさん、最強アナリストたちの金言を参考に、「慎重に、大胆に」株式相場に打ってでましょう！

第3章

短期投資の奥義『テクニカル分析』の基礎を身につける

さあ、いよいよ実践編です。

この章ではフィスコが究めた投資ノウハウの奥義のうち、代表的な4つの『テクニカル分析』を紹介していきます。

『テクニカル分析』とは、株価や出来高の推移をもとにして計算された数値を用いておこなう分析技術です。統計学などを応用し、株価の変動をより客観的に評価し、売買のタイミングを計ることができます。

株式投資をおこなうとき、肝心なのは、いくらで売るかを考えることです。当初の見込み通り、購入後に株価が上昇したとしましょう。そのとき、あなたの心のなかには期待と不安のせめぎ合いが生じるはずです。「もっと上がるはずだ」という期待、「もう上がらないだろう」という不安。そして逆に株価が下落してしまったときは、「きっと戻るはずだ」という期待、「もっと下がってしまうのではないか」という不安。このように株式投資は、**期待と**

不安のせめぎ合いの連続です。このせめぎ合いのなかで、ただ漠然と取引をおこなっていれば、いつか失敗してしまいます。

「塩漬け」……「きっと戻るはずだ」という不用意な期待が判断を誤らせ、売るに売れなくなってしまう。

「高値掴み」……株価が上昇していく過程は「買いたい」と思っていた心を刺激する。「早く買わないと上がってしまう」という焦りから高値を掴んでしまう。

きっと多くの投資家のみなさんがこういった経験をおもちのはずです。こういった失敗を避けるために、株価を客観的に判断する基準となる『テクニカル分析』が必要になるのです。

この章では、代表的な4つの『テクニカル分析』を取り上げて解説していきます。ですがその前に、テクニカル分析手法を学んでいくうえで、注意しておかなければならない点を挙げておきましょう。

「策士、策に溺れる」という言葉があります。テクニカル分析を学んでいくと、その効用を過信してしまいそうになります。絶対に当たる分析手法などありません。そんなものがあれば、きっともうだれもが使っています。「当たる」とか「当たらない」という視点でテクニカル分析を使うのではなく、株価を分析するための一つのツールとして認識しておいてください。その分析ツールが示すものをみて判断するのは、やはりみなさんご自身なのです。温度計が示す温度をみてクーラーのスイッチを入れるかどうか、それは人によって違いますよね？　そのテクニカル分析（で示されるシグナル）を使っていれば、いつでも必ず儲かるというものではありません。

かといって、地図やコンパスをもたずにジャングルをさまよっていては、目的地にたどりつくことは困難でしょう。株式市場というジャングルのなかであなたが目指す場所にたどりつくためには、地図やコンパスの使い方（長所・短所）を知ることが必要なのです。きっと『テクニカル分析』はその地図となり、コンパスとなってくれるはずです。

テクニカル分析には大きく分けて3種類あります。それぞれの特徴にもとづいて分類してみました。

■『トレンド系指標』

相場の方向性に沿った形で売買をおこなうもの。いわゆる『順張り』の投資スタンスをもつもの。移動平均線、パラボリック・タイム・プライス、ポイント&フィギュア……。

■『オシレータ系指標』

相場の方向とは逆に売買をおこなう。つまり**上げすぎているから売り、下げすぎているから買い**といった、いわゆる『逆張り』の投資スタンスをもつもの。ＲＳＩ、ストキャスティクス、標準偏差（ボリンジャーバンド）、移動平均乖離率、ＭＡＣＤ……。

■その他の分析

上記の2パターンの分析とは異なる分析手法を分類しました。日本で生まれたローソク足分析や一目均衡表などが代表的。独自の世界観がある個性的な分析手法です。ローソク足分析、一目均衡表、サイクル分析、エリオット波動理論、ギャン理論、ダウ理論……。

一つのテクニカル分析手法でも、使い方によってはトレンド系指標にもなればオシレータ系指標にもなります。たとえば、『移動平均線』はトレンド系指標として紹介していますが、オシレータ系指標には『移動平均乖離率』があります。これは移動平均線をもとにしているものであり、一つのテクニカル指標にもさまざまな使い方・見方があるというひとつの例です。

トレンド系指標・オシレータ系指標それぞれに特徴があり、長所・短所があります。また同じオシレータ系指標であるＲＳＩ、ストキャスティクスにも異なった特徴があります。テクニカル分析手法を利用していくうえで大切なことは、

自分の投資目的を明確にし、一定のルールを

損切りや利益確定のポイントの明確化　投資金額・投資期間・目標とする値幅……。

その投資期間・手法に合ったテクニカル分析手法を

日計りでやっている人が年足チャートをみてもあまり意味をもたないでしょう。

テクニカル分析を理解できるようになったら、１つの手法に偏らず、いくつかの手法を習得しよう

偏ったスタイルで売買し続けていると、相場の変化に対応できなくなります。

繰り返しになりますが、これらのテクニカル分析を使って投資判断をするのはあくまでみなさんご自身です。テクニカル分析のとおりにしていれば必ず儲かる、というものではありません。これらはあくまで地図であり、コンパスなのです。それをみたうえで、どちらに進むべきかを判断するのはご自分であるということを忘れずにいてください。

1 移動平均線

『移動平均線』は、テクニカル分析のなかではもっともポピュラーなものといってもいいでしょう。計算方法は非常に単純であり、その見方も比較的理解しやすいはずです。まずは入門編として計算方法、見方などを解説していきましょう。

計算方法

単純にいえば、過去数日（週・月・年）の株価を平均したものです。たとえば、5日間の移動平均線を計算するには、

①1日目〜5日目までの平均値

（例）（950＋960＋940＋920＋950）÷5＝944

②2日目〜6日目までの平均値

1日目	950		
2日目	960		
3日目	940		
4日目	920		
5日目	950	944	①
6日目	970	948	②
7日目	1000	956	③

（例）（960＋940＋920＋950＋970）÷5＝948

③3日目〜7日目までの平均値

（例）（940＋920＋950＋970＋1000）÷5＝956

このように、計算する日から一定期間（この場合は5日間）で遡り、その期間の平均値を計算していきます。新しい日がくれば、その分計算を始める日も移動させていくのです。

計算する期間としては『日』だけではなく、『週』・『月』・『年』でもできます。またディーラーやデイトレーダーのように1日の間で短期売買をおこなう人は『分』単位で使うこともあります。**自分の投資スタイルに合った期間を選択することが大切**です。何年もかけて儲けようと思っているのに、『分』や『日』という短期間のものばかりをみていてもあまり意味がありません。

また一般的には、『日』単位の場合で、5日、25日、75日、100日、200日という期間が使われています。週の場合は13週、26週などです。

使い方とポイント

① トレンド（方向性）を明確にする

このようにしてジグザグな株価変動をならすことによって、目先の株価変動に惑わされずに、相場のトレンド（方向性）をより明確にすることができます。移動平均線が上昇中（下降中）であるということは、相場のトレンドが上（下）に向かっているということになります。株価が短期的に逆方向に動いたとしても、移動平均線が上昇中（下落中）であるということは、大きな流れはまだその方向に向かっていると判断することができます。**チャート1**をみてみると、短期的に反発（上昇）している場面がみられます（○印）。しかし、株価は反発していても、移動平均線は下降中であり、トレンドは下落基調を続けていると判断することができます。

② 支持（サポート）・抵抗（レジスタンス）

チャート1をみてみると、株価は何度か反発に転じているものの、ほぼ移動平均線の水準で上値をおさえられ（□印）、そこから再度下落に転じていることがみてとれるでしょう。

上昇トレンドのときには逆の形（支持）で株価が下げ止まるポイントとなります。

株価というものは常にジグザグな動きをします。上昇（下落）トレンドにあっても常に上げ（下げ）続けるわけではありません。上昇（下落）過程にありながら、短期的にはいったん下げる（上げる）ことも頻繁にあります。その短期的な下落（上昇）が止まるメド（サポート・レジスタンス）として有効なのです。

③ゴールデン・クロス、デッド・クロス

短期・長期の移動平均線を組み合わせることによって、売買タイミングを計るという使い方もあります。長期移動平均線を短期移動

チャート1

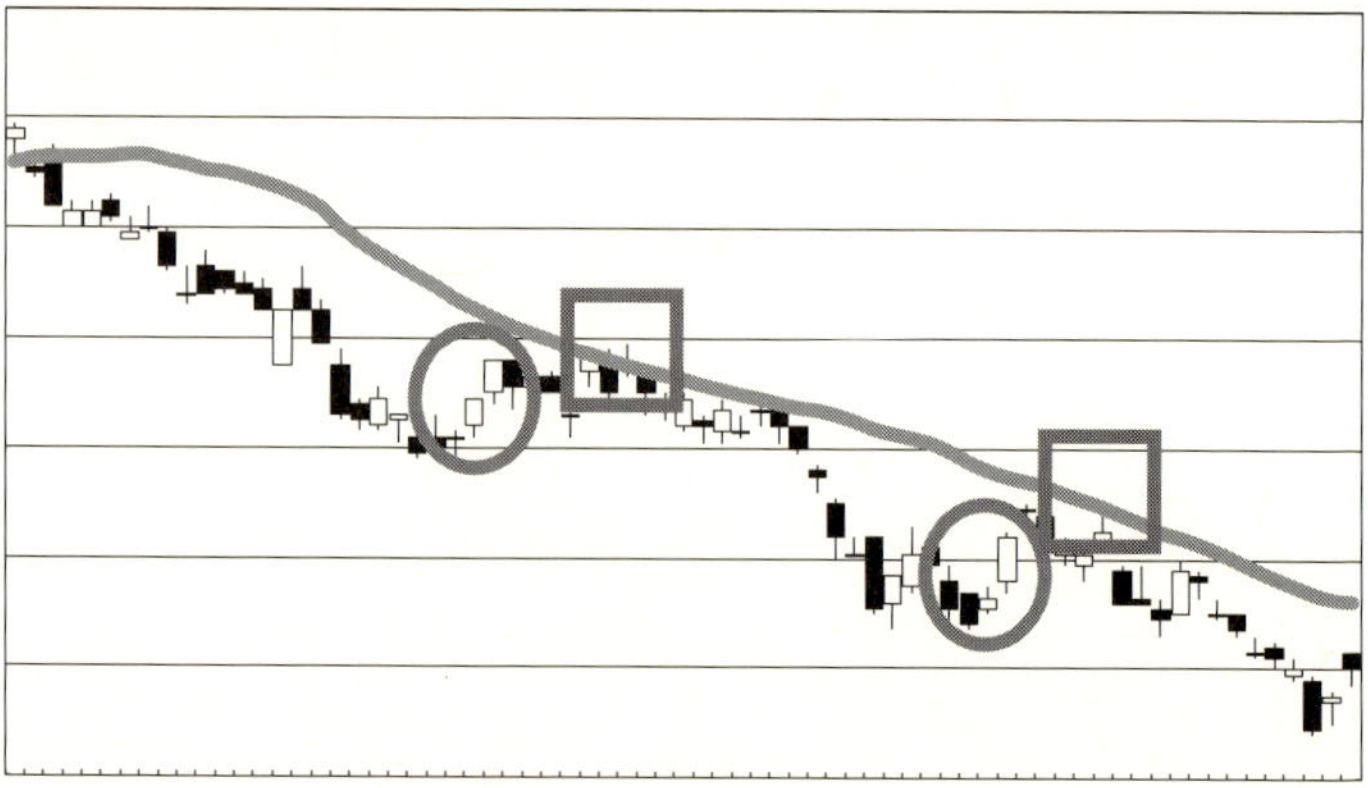

平均線が下から上に抜けたときをゴールデン・クロスといい、買いシグナルとして認識します。逆に長期移動平均線を短期移動平均線が上から下に割り込んだときをデッド・クロスといい、売りシグナルとして認識します。

チャート2をみてください。このように時系列に沿って表された株価をローソク足といいますが、2本の移動平均線が表示されています。変動の大きいものが25日移動平均線、もう一方が75日移動平均線です。先ほどの定義に従えば、短期移動平均線である25日移動平均線が長期移動平均線である75日移動平均線を下から上に抜けた場所（○印）がゴールデン・クロスが発生した場所、そして逆に上

チェックポイント

サポート（支持）とレジスタンス（抵抗）って何？

株価が下落してきたとき、下げ止まるポイントとして考えられる場所をサポート（支持）といいます。逆に株価が上昇したとき、上値をおさえられるポイントとして考えられる場所をレジスタンス（抵抗）といいます。

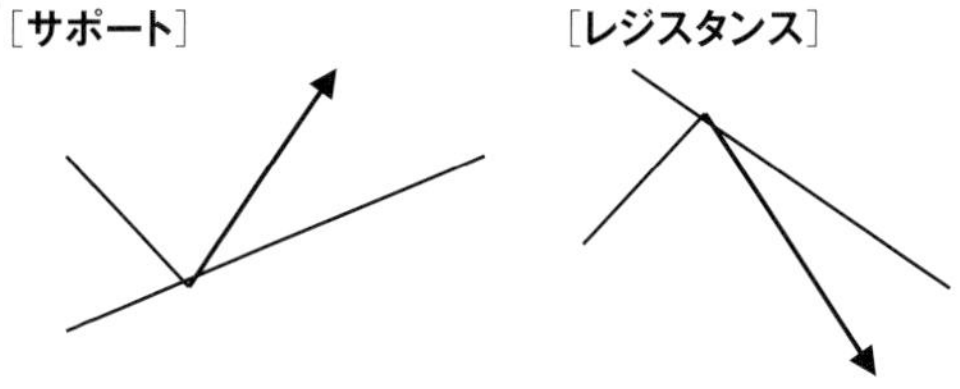

から下に割り込んだ場所（□印）がデッド・クロスの発生した場所になります。

　ここで注意しなければならないのは、ゴールデン・クロス、デッド・クロスは遅れて発生するということです。ゴールデン・クロスが発生したときには、すでに株価は安値からある程度上昇してしまっていはす。デッド・クロスも同様です。この場合、たしかにそこで売買しても結果的に儲かるチャンスは十分にありましたが、このシグナルだけを売買の指針とするとき、そのことは十分理解しておく必要がありはす。

　またゴールデン（デッド）・クロスを使う場合、どの程度の期間の移動平均を使う

チャート2

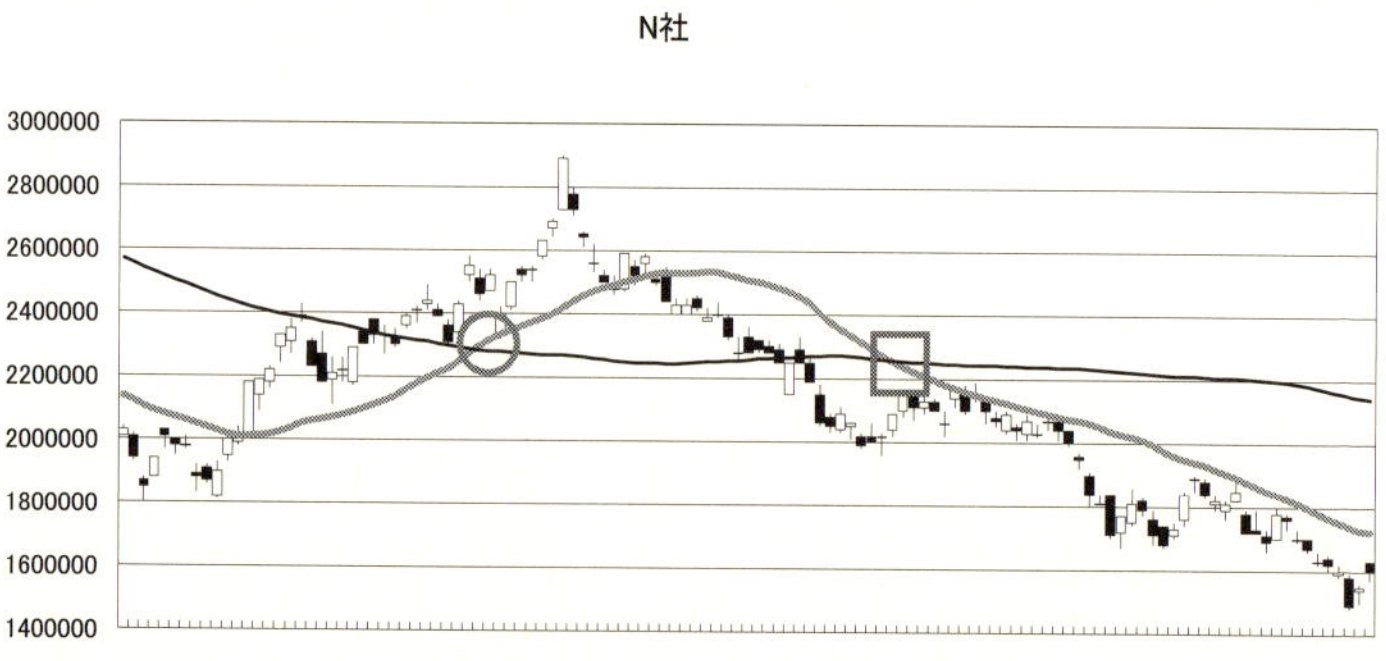

かによっても、ずいぶんとその性質が変わります。これらのシグナルは、中長期のトレンド転換を示すという側面はありますが、次のトレンド転換まで反対売買のシグナルが出ないため、そのシグナルに従って運用する場合、かなり根気がいります（逆にすぐにトレンド転換した場合はダマシ〈動いたようにみせてすぐに値を戻す〉に終わります）。

移動平均線のウィークポイント

ここからは実際の株価チャートを用いて、その長所・短所を解説し、より実践的に考えていきましょう。

ここではH社の株価チャートを使って解説していきます（**チャート3**）。グラフはある年の1～11月までの日足チャートです。この時期、株価は上下を繰り返し（往来相場）、トレンド（方向性）があまりみられることはありませんでした。3～5月にかけては一時トレンドがでてくるかにみえましたが、5000円トライ後に急落となり、結局レンジを抜けきることができずに終わっています。

では移動平均線はこのときどう動いたでしょうか？　ここで使われている25日・75日・1

００日線のどれもがトレンドを示すことなく、フラフラと上下しています（①「トレンドを明確にする」が機能しません）。また株価も移動平均線を上回ったり、下回ったりしており、移動平均線がサポート・レジスタンス（安値の谷・高値の山の限界値にある下値支持線・上値抵抗線）として機能していません（②が機能していません）。

３～５月にかけての上昇局面では25日線が75日線を、75日線が１００日線を上回り、それぞれゴールデン・クロスが発生しています。しかし、その後の下落でそれもダマシ（③のシグナルどおりにはならない）に終わり、このシグナルに従って買った場合には短期間で売却してしまわない限り、結果として損失

チャート3

H社（1月～11月）

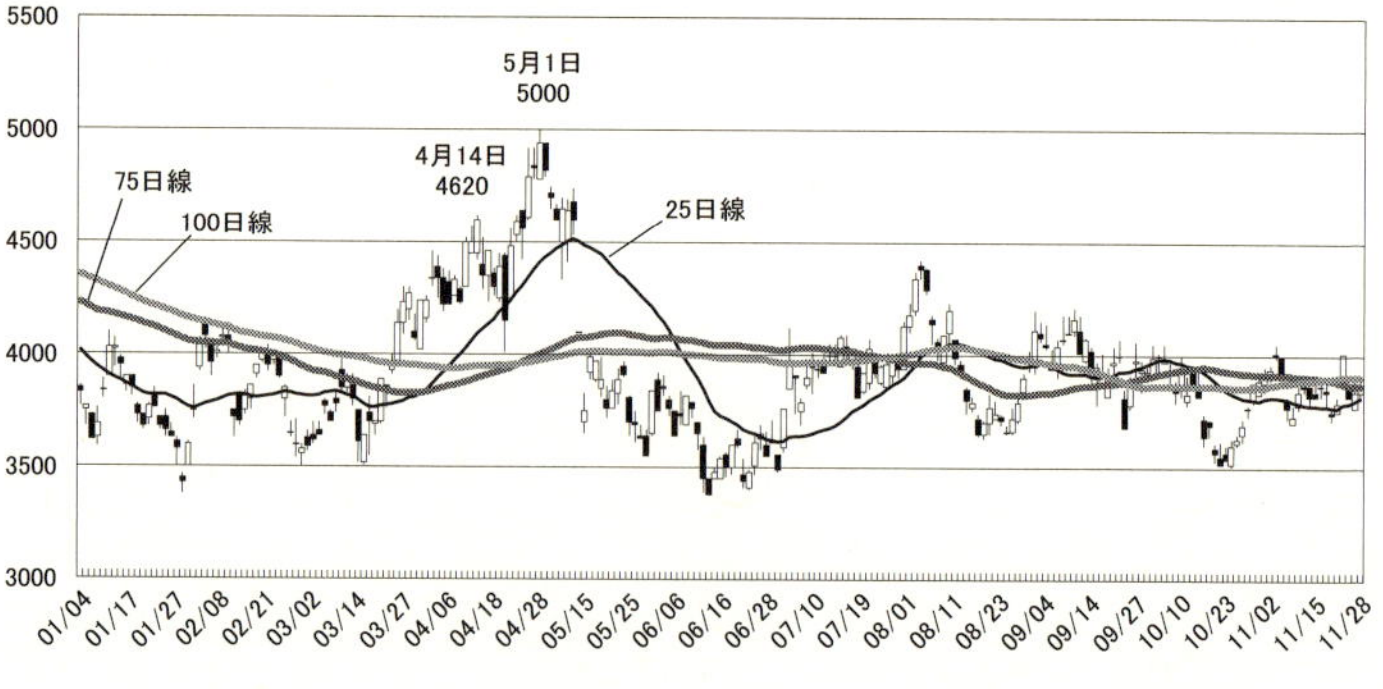

につながることになります。しかし、ゴールデン・クロスなどのシグナルは本来トレンドの転換を示すシグナルであり、これに従って売買する（トレンドを取りにいく）のであれば、そんな短期間での売買は考えるべきではないでしょう。これでは移動平均線なんて使えないじゃないか、と思われるかもしれませんが、そうではありません。あえて移動平均線の弱点を把握しておいていただくために、この時期のチャートを挙げたのです。テクニカル分析手法にはさまざまありますが、それぞれに長所・短所があります。それを理解したうえで、適切な使い方をしていくことが大切なのです。

では移動平均線の弱点とは何でしょうか？　一番のポイントは往来相場（レンジ相場もしくはボックス相場＝長期間にわたり一定の幅で上下している相場）に弱いということです。相場にトレンド（方向性）がでていないとき、移動平均線はすでに解説した『②サポート（支持）・レジスタンス（抵抗）』として機能しません。また、同様に『③ゴールデン・クロス、デッド・クロス』にしてもダマシに終わることが多いのです。

そのときに着目しておきたいのは中期移動平均線（75日・100日など）の角度です。これが一定の角度をもった上昇（下落）になっていない場合は、相場のトレンドは強くなく、移動平均線が機能しないレンジ相場に終わる可能性が高いと判断するべきでしょう。

これは『①トレンドを明確にする』という、移動平均線を使っていくうえでのポイントになります。

続いて同じH社のその後のチャートをみてみましょう（**チャート4**）。12月〜翌年8月（5920円高値）までのチャートです。

この12月以降、同銘柄は上昇トレンドに入りました。25日線と75日線、75日線と100日線がそれぞれゴールデン・クロスし、さらにその後も上昇を続けました。その上昇過程では何度か反落する局面もありましたが、75日線がサポート（支持）となり、その後さらなる上昇を続けています。

投資期間をある程度長期で考えられるなら

チャート4

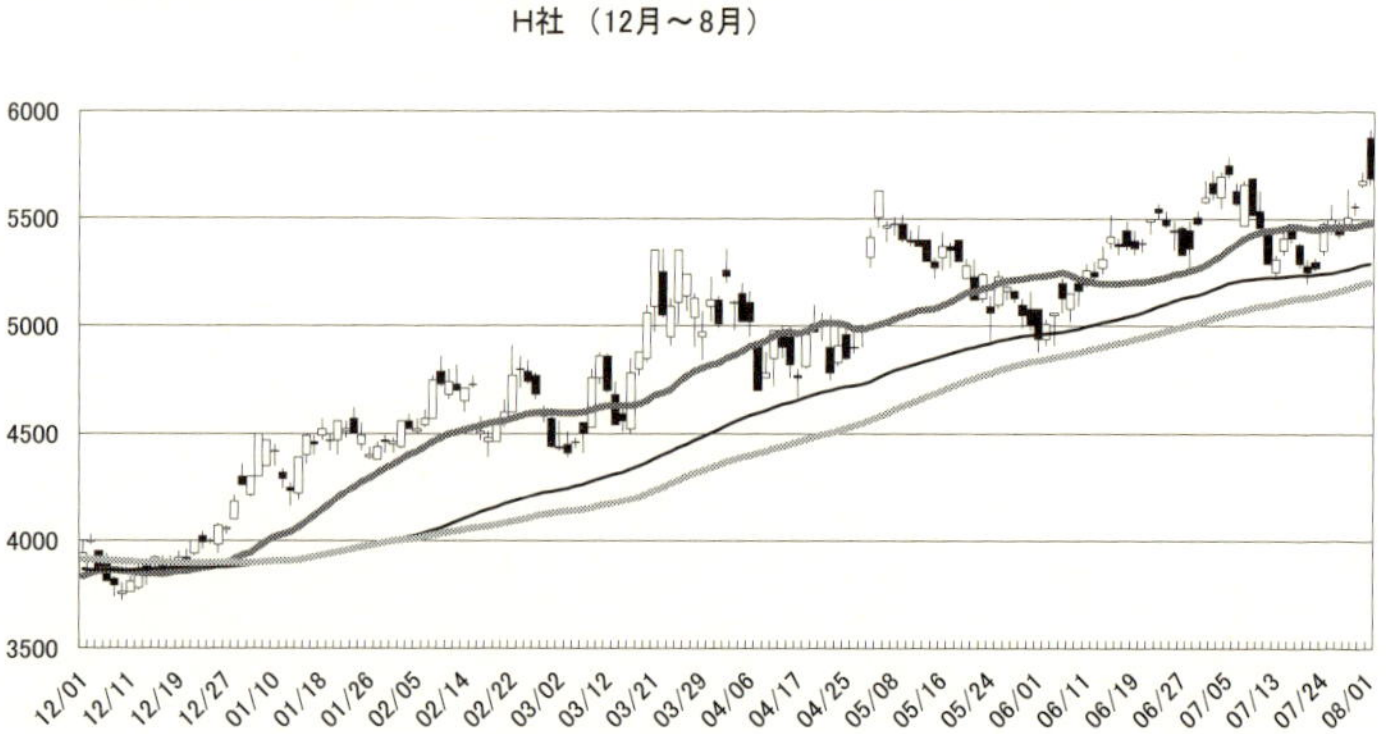

ば、ゴールデン・クロス後、次にデッド・クロスするまで、もしくは上昇トレンド入り後、一度も割り込んでいない１００日線を割り込むまで保有し続けてもいいでしょう。またより短期間での取引を想定するのであれば、押し目買い（上げ相場が一時的に下がるタイミングを狙って買う）という手もあります。75日移動平均線近辺まで下落したところで買い、その後の上昇局面で売るという方法もあります。

しかし、実際そんなに簡単なのでしょうか？　チャートではゴールデン・クロスが発生し、その後株価は上昇を続けましたが、往来相場にあった時期（**チャート3**）でもゴールデン・クロスは発生しました。しかも、そのときの買いシグナルであるゴールデン・クロスは結果的に失敗に終わっています。では、失敗したときにどう対処すればいいのでしょうか。

まず一つ考えておかなければならないのは、3～5月のゴールデン・クロスの際、直前の75日・１００日線は下落基調を鮮明に示し、下降トレンドにあることを示していました。トレンド自体が下落過程、もしくは方向感がみえていない場合、その状況において発生した買いシグナルは失敗（ダマシ）に終わる可能性がより高いということを認識しておかなければなりません。12月以降の**チャート4**では、移動平均線は横ばいから上昇へとトレンドの転換を示し始めており、より信頼性の高いゴールデン・クロスであったことがわかります。

以上のことから、最初に挙げた『①トレンドを明確にする』という点に着目し、その確認をしっかりとおこなうことが大切であることがおわかりいただけましたでしょうか。現在の株価推移にトレンドがみられるのかどうか、そしてそれは上昇なのか下降なのか。

さらに、次に自分が目指す売買がどの程度の期間を想定しているのか、を考えなければなりません。前述したように、短期売買が目的であるのに『③ゴールデン・クロス、デッド・クロス』などの売買シグナルを重要視してもあまり意味はありません。短期売買が目的であるならば、『②サポート・レジスタンス』に着眼したほうが効率的でしょう。

ロスカットこそ勝者の条件

『ロスカット（損切り）』という言葉を真剣に考えたことはありますか？ 株を売買すれば、儲かることもありますが損をすることだってあります。だれだって最初から損をするつもりで株を買う（売る）人なんていないでしょう。それでもやっぱり損をするときは必ずといっていいほどあるのです。

株を買い、そして思惑と反対に株価が下がりはじめて、損が膨らんでから慌ててみてもは

じまりません。そういう人の多くはパニック状態になってしまい、慌てて投げて（投げ売り）安値を叩くか、売ることすらできなくなり、我慢して保有し続ける（塩漬け）することになります。

それを避けるために必要なこととは何でしょうか？

『上がると思うから買う』、当たり前のことですよね。では『いくらまで上がる』と思って買っていますか？　最初に買う時点で、その水準（プロフィットテイク・ポイント）が明確にもてているのなら投資家としてはすでに一人前といえるでしょう。しかし、じつはそれ以上に大切なのが、『ロスカット・ポイント』なのです。

株価が思惑と反対に下がりはじめると、だれしも負けを認めたくないと感じるはずです。そして『戻ってくれるはず』という期待にすがって踏ん切りがつかず、結果としてパニックに追い込まれるか、身動きが取れなくなるか、先に申し上げた状況に陥っていくのです。それを避けるためにも、この『ロスカット・ポイント』をしっかりともつことが大切です。そのために移動平均線を有効に使うこともできるのです。

たとえば、前に取り上げたH社の株。上昇トレンド入り後（**チャート4**）のグラフでは、75日線がサポートとして機能していますが、100日線は一度も割り込んでいません。もしもこの後、一度も割り込んでいない１００日線を割り込んだら、いったん売ると決めるのも一つのやり方でしょう。また75日線であれ、１００日線であれ、「サポートと決めた水準から何パーセント下落したらロスカットをおこなう」というルールでもかまいません。大切なことは『負け』を認めるべき水準を、より客観的な基準によって明確にしておくことなのです。

また別の見方として、25日線であれ、75日線であれ、株価がこれらを割り込むということは、相場のトレンドがそれほど強くないとみることもできます。3～5月（**チャート3**）の上昇時、株価は4月14日に４６２０円の高値をいったんつけ、その後は下落に転じています。このとき25日線を簡単に割り込んでしまったことが、一つの警戒シグナルでもあるのです。そのときはすぐに反発し、戻り高値５０００円まで上昇しましたが、その後の下落で25日線を再度割り込んできた時点で、トレンドの弱さを意識していれば、いったん売ることもできたはずです。

移動平均線のまとめ

このように移動平均線一つをとってみても、これだけさまざまな見方、みるべきポイントがあります。移動平均線を使うとき、1つの売買シグナルだけをみるのではなく、3つのポイントを並行してみながら、株価の動きをより複合的にとらえていきましょう。そしてロスカット・ポイントを明確にもつことが大切になります。これは後に解説するRSIなどのオシレータ系指標では難しいポイントであり、移動平均線（トレンド系テクニカル）だからこそできることでもあるのです。また繰返しになりますが、移動平均線に限らず、自分の投資期間に合った計算期間の移動平均線を用いることも大切なことです。短期売買を目的としている投資家が年足チャートをみても、あまり意味はありません。

2 標準偏差（ボリンジャーバンド）

ボリンジャーバンドとは、ジョン・ボリンジャー（John Bollinger）というアメリカの投資家によって開発された指標です。移動平均線を中心に、標準偏差という統計学的手法を用いて上下にバンド（幅）をつくり、相場の行きすぎをとらえて反転のタイミングを計るというテクニカル指標です。オシレータ系の面もありつつ、トレンド系の側面もあるきわめて特殊な指標なのです。

この指標を用いるときに必要となるのは移動平均線と標準偏差です。移動平均線についてはすでに解説しましたので、ここではまず、標準偏差について解説していきましょう。

標準偏差を本質的に理解するには、数学的な知識が必要となりますが、あまり難しく考えずに、概念的なものを理解しておきましょう。標準偏差の数値自体は、データ（株価）がその平均値からどれぐらい散らばっているのか（分散）を示しています。つまり株価の変化が激しければ激しいほど標準偏差の値は大きくなり（ボラティリティ＝予想変動率が高い）、

株価の変化が小さければ小さいほどその数値は小さくなります（ボラティリティが低い）。

標準偏差の計算方法

標準偏差＝√（期間×価格の2乗の合計－価格の合計の2乗）÷｛期間×（期間－1）｝

・√は、分子にのみかかる

実際にこれを計算していくのは大変な作業になってしまいますが、パソコンを使って、エクセルなどの表計算ソフトを使えば簡単に計算結果を得ることができます。使用する関数は［STDEVP］です（表①参照）。

繰り返しになりますが、この標準偏差の数値は

表①

	A	B
1		株価
2	1日目	936
3	2日目	884
4	3日目	882
5	4日目	884
6	5日目	912
7	6日目	925
8	7日目	937
9	8日目	884
10	9日目	883
11	10日目	871
10日間の標準偏差「=STDEVP(B2:B11)」		23.78

その期間のボラティリティを端的に示していま
す。この数値をグラフ化するだけでも1つの指標
となります（標準偏差グラフ）。しかし、ここで
は標準偏差の大きな特徴を利用して、ボリンジャ
ーバンドを作成していきます。

正規分布の性質

あらゆる分布において、その平均の分布は正規分布にもとづいているわけですから、標本数が増加すればするほど正規分布に近づいていきます。

図②に示されているように、平均値から±1標準偏差（以下、σ（シグマ）で示す）の範囲に68・27パーセントが含まれ、±2σのなかには95・45パーセントが含まれます。±3σでは

図②

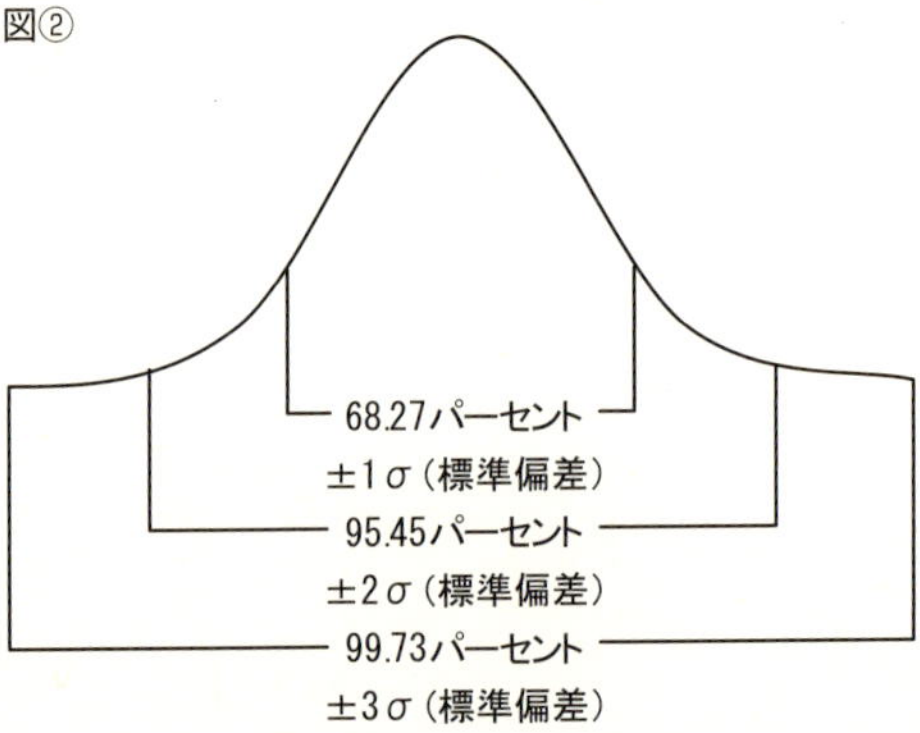

99・73パーセントが含まれることになるのです。つまり、この範囲を超えることは、統計学的にはわずか0・27パーセント（±3σ）でしか起こりえなくなるのです。

ボリンジャーバンドにおいては、±2σがもっとも多く用いられています。**チャート5**がボリンジャーバンドのチャートです。日経平均株価のチャートで、期間は20日を基準にしています。

計算方法

まず20日間の移動平均線を計算します。次に同期間の標準偏差を計算し、それを2倍したものを加えた数値がその日のボリンジャーバンドの上限値、減じた数値が下限値となります。たとえばその日の移動平均が1000円で、標準偏差が30だった場合、ボリンジャーバンドの上限値は1000＋2×30で1060、下限値は1000－2×30で940となります。

このチャートでは、移動平均線を中心に上下に帯（バンド）が形成されています。基本的に、このバンドの上下に近づいた段階を相場反転の目安とします。株価の変動が小さい（ボラティリティが低い）時期は標準偏差自体が小さくなるため、バンドの幅も縮小します。逆に株価が大幅に動いている（ボラティリティが高い）とき、バンドの幅も拡大します。この相場の情勢に合わせたバンドの拡大・縮小により、相場反転の目安としての正確さはより高いものになっているのです。

四角で囲ってあるところをみてください。ほぼボリンジャーバンドの上下のところで相場が反転していることがみてとれるはずです。反対に○印のところでは、大きな上昇トレンドとなり、ボリンジャーバンドの上の水準を大きく突破し、さらに株価は大きく上

チャート5

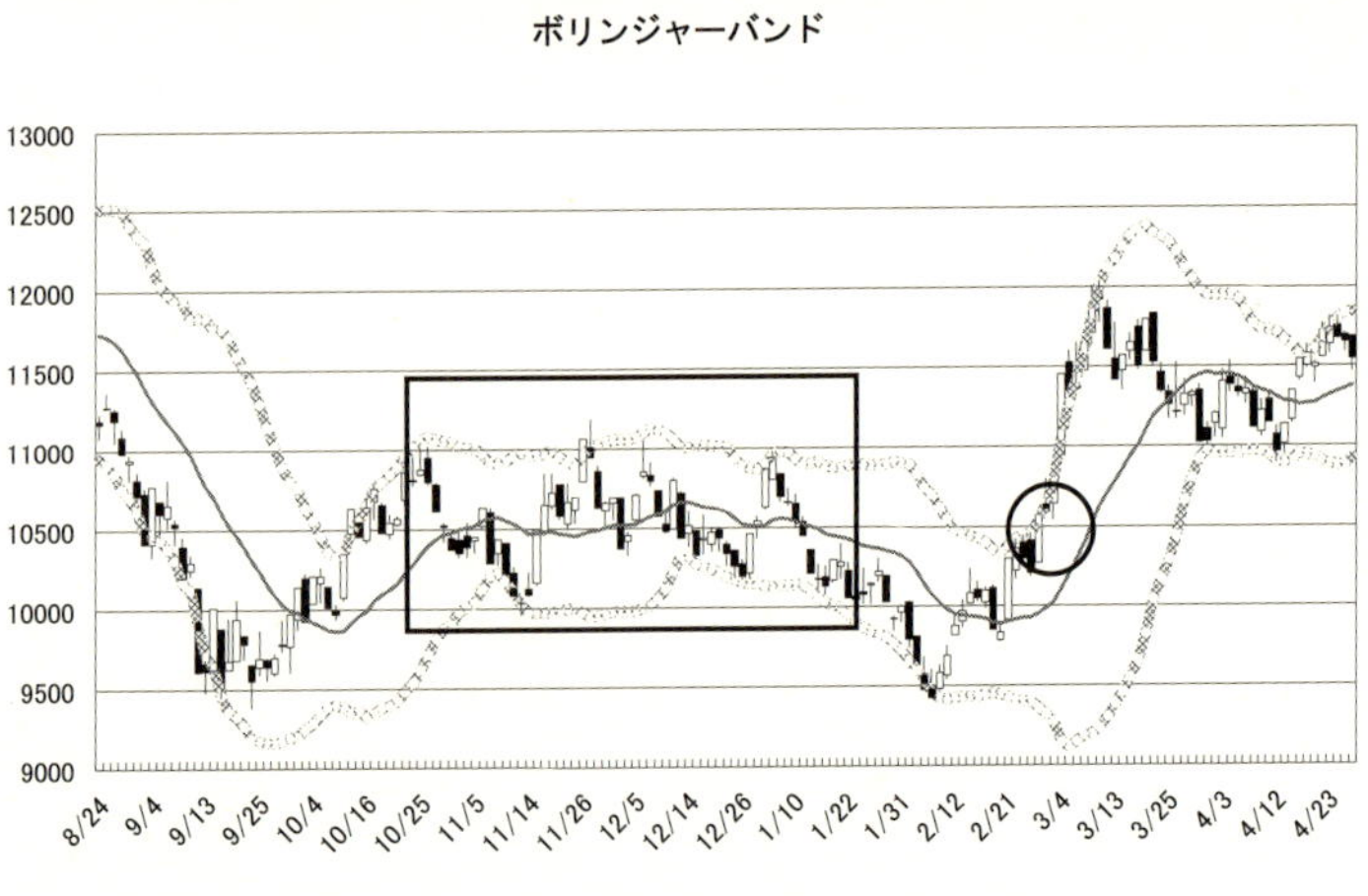

昇しています。こうした動きから、このテクニカル指標は、ボックス圏（箱のなかに閉じ込められたように一定の価格帯で上げ下げを繰り返す株の、上下の圏内）で推移しているときは逆張りの発想、すなわちオシレータ系の指標、一方、ボックス圏を上放れ（下放れ）たときには、拡大するバンドに沿った強いトレンド（これを「バンド・ブレイクアウト」といいます）が発生、すなわちトレンド系の指標となるのです。

ボリンジャーバンドのまとめ

ボックス相場が終わりを迎えるタイミングはなかなかとらえにくいですが、ボックス圏を上（下）抜けとなったときはエネルギーが一気に拡散しますので、株価はダイナミックに動きだすケースが多いのです。株式投資においてもっとも難しいのが急騰・暴落の見極めですが、その予兆・傾向をつかむためにボリンジャーバンドは役立ちます。みなさん、有効に活用してくださいね。

3 エリオット波動分析

では続いて、エリオット波動分析に入ります。

ここでもっとも重要なのは、この分析手法には『予測』があるという点です。もちろん、予測といっても必ずそのとおりになるというものではありません。もっとも重要なことは、現在の株価がどういう位置にあり、今後どういう展開が予測されるのか、一定の根拠にもとづいたシナリオをもつこと。そしてその予測（シナリオ）が正しいのかどうか、もし間違えているのならそれを認識すべきポイントを知ることです。株価の現在の位置を理解するという意味では、地図のようなものとして考えてもいいかもしれません。

エリオット波動分析の特徴

- チャートのパターンを分析し、エリオット波動の法則に照らして、現状分析・**予測**をおこなう

- パターン分析により、現在の上昇（下降）の目標値、および支持・抵抗を明確化できる
- 他のテクニカル分析手法に比べて高度であり、習得には多様な分析経験を要する

エリオット波動分析を理解していくためには、まずその基本パターンを理解しなければなりません。そのパターンを現在の株価変動に当てはめていくことで、現在の株価がどういった状況にあるのか、そして今後どうなっていくのかを予測していくのです。

エリオット波動分析の基本パターン

図③がエリオット波動分析における基本の（上昇トレンド時の）株価変動パターンとなります（下落トレンド時は逆）。それぞれに番号（またはアルファベット）が振ってありますが、始点から「1」のところまでの上昇を第1波動、そして「1」から「2」までの下落を第2波動……というように呼びます。株価が上昇していく過程で、一気に株価が一本調子に上げ続けることはまれで、基本的にはこういったジグザグの変動を伴いながら上昇していくのです。

まず相場の上昇トレンドに沿った上昇局面（強気相場）は5つの波動で形成されます。そしてその上昇に対する調整（下がり）局面（弱気相場）は3つの波動で形成されます。

これらの波動はさらに細分化され、この第1波動と第2波動をさらに細かくみてみると、第1波動のなかにさらに細かな5つの波動があり、その上昇に対する調整局面である第2波動は、同じく細かな3つの波動で形成されています。この図にある上昇5波動は、さらに細かな21の波動で形成され、その後にくる調整3波動は13の波動で形成されており、この1つの大きなサイクルは、さらに細かな34の波動で構成されていることになりま

図③　上昇トレンド時の基本パターン

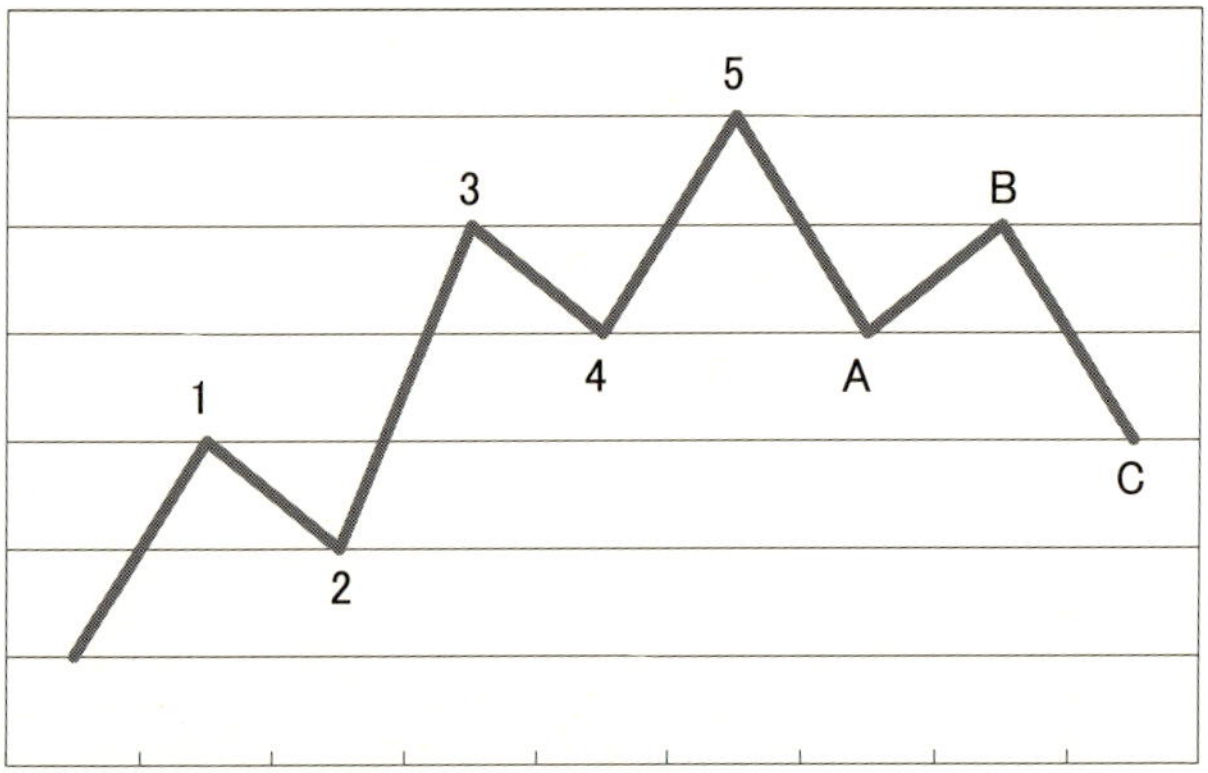

す。ここでできた3、5、13、21、34という数字を覚えておいてください。今後、解説するフィボナッチ級数とエリオット波動が密接な関係をもっていることが、そこからわかるはずです。

それぞれの波動の特徴

（エリオット波動の基本パターン）

（第1波動） 上昇の基礎をつくる過程。この時点ではその後の上昇に対して懐疑的なものです。そのため、その後にくる修正波動（第2波動）によって、この上昇は大きく修正されることが多いのです。

（第2波動） 第1波動のかなりの部分を押し戻します。この時点では、売り方も積極的な動きをみせますが、第1波動の始点を割り込むことはできません。この時点でたまったショート（売り）が、その後の第3波動をより強く、大きいものにしていきます。

（第3波動） もっとも力強く、大きな上昇となることが多いです。第2波動での売り方の踏み上げ（損を覚悟した買い戻しをして株価を上げる）を誘い、売買高の増加を伴います。各波動のなかでもっともはっきりとしたトレンドを描き、エクステンション（波の延長。後述）が発生しやすい局面でもあります。

（第4波動）　急激な上昇の後にくる修正波動です。利食い売りの活発化に伴い調整を迎えますが、売り方はその後の下落に懐疑的でもあり、大きな下落にはつながりません。強弱感が対立しやすい局面でもあり、もっとも複雑な修正波動を描くことが多いのです。

（第5波動）　上昇の最終局面です。この局面でもエクステンションが起こることがありますが、第3波動ほどエネルギーはありません。しかし、この局面では楽観的な見方が大勢を占めるようになり、その後の大きな調整に向けてロング（買い）がたまる局面です。

（A波動）　それまでの上昇に対する本格的な調整の始まり。しかし、この時点での市場は、まだ楽観論を捨てきれずにいます。次の上昇に向けての期待から、ロング（買い）の整理があまり進みません。

（B波動）　この反発は、これまでの上昇局面継続を期待させますが、力強いものとはならず、第5波動の頂点を上回れずに終わることが多いのです（イレギュラートップ〈後述〉を除く）。その後にくるC波動により、この反発は完全に埋められることになります（イレギュラートップも含めて）。

（C波動） ここまで捨てきれずにいた上昇への期待が消え、もっとも下値不安の高まる局面となります。買い方の投げ売りが発生しやすく、需給環境は好転していきます。そして次の上昇へとつながっていくのです。

以上が、エリオット波動の基本パターンにおける各波動の特徴です。また、この基本パターンにはいくつかのルールがあります。以下に主なものを挙げておきます。実際に波動をカウントしていくうえで重要なものになりますのでしっかり覚えておいてください。

主なルール

- 強気相場は5波動、弱気相場は3波動で1つのサイクルが終了する
- 衝撃波（上昇局面の波動）は第1、第3、第5、A、Cの5波動
- 修正波（下がり局面での波動）は第2、第4、Bの3波動
- 強気相場のなかでは、第3波動がもっとも長く強い波動となる
- 強気相場のなかでは、第1波動の終点を第4波動の終点が下回ることはない

- 強気相場のなかでは、第5波動の長さは第1波動の長さと同じになることが多い
- 弱気相場のなかでは、A波動とC波動は同じ長さになることが多い
- フィボナッチ級数（連続する2つの数字を足したものが次の数となるという数列。後述）と密接な関係にあり、各波動のターゲットおよび、支持・抵抗などは同級数を用いて算出される

こういったルールに従って、株価変動を分析し、波動をカウントしていきます。でも、本当にこのパターンどおりにすべての株価変動が起こっているのでしょうか？

実際の株価変動においては、そうではないこともしばしば起こります。今回解説した基本パターンに当てはまらないイレギュラーなパターンが発生したとき、どう考えればいいのでしょうか？

イレギュラーなパターン

（エリオット波動の基本パターン）

このパターンはエリオット波動の基本パターンですが、これに当てはまらないイレギュラーなパターンについて解説していきましょう。基本パターンとの違いをしっかり確認しておいてください。

■フェイラー（失敗）

強気相場の最終波である第5波動に現れます。本来、第5波動の頂点は第3波動の頂点を超えているはずなのに、相場上昇のエネルギーが乏しく、それを超えることができずに終わっています。一般的にはダブル・トップ、ダブル・ボトムといわれる形状となり、相場の転換点を示唆することが多いのです。

■イレギュラートップ

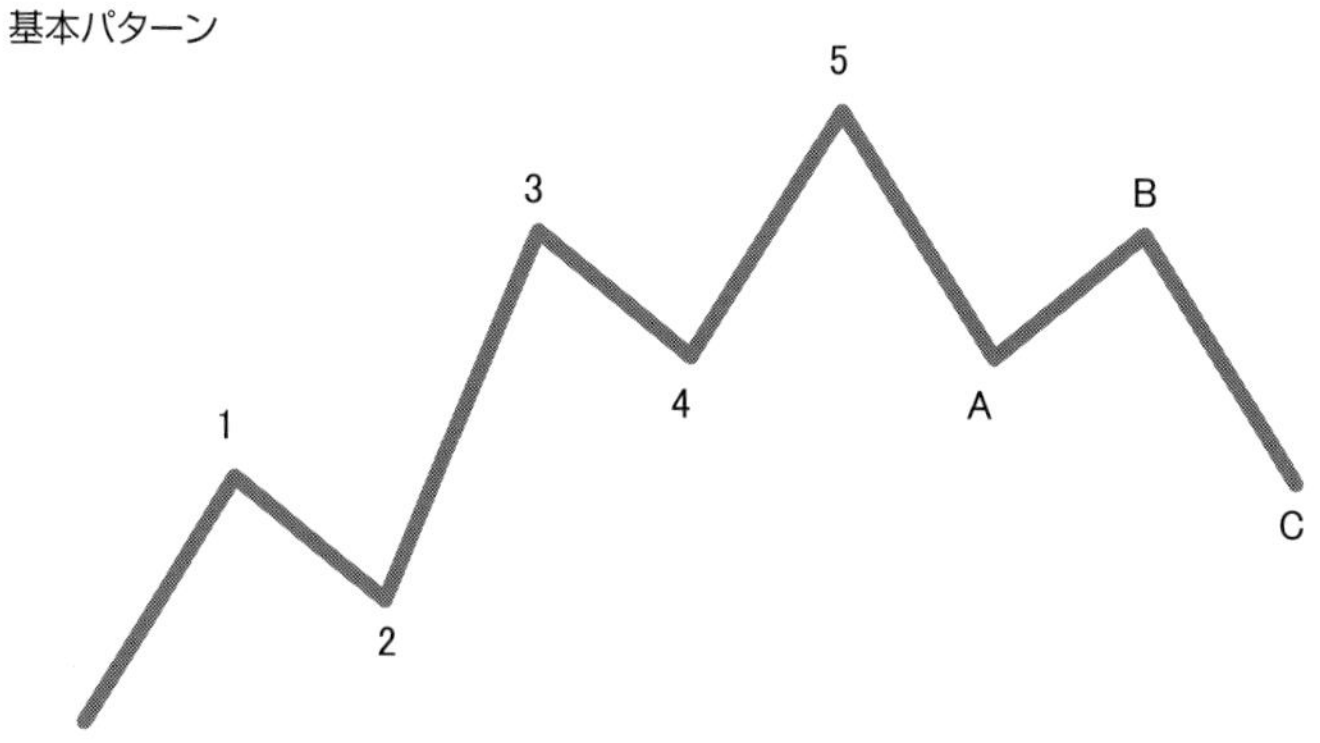

第5波動の頂点をB波動の頂点が超えてしまっています。相場上昇のトレンドが非常に強い場合にまれに起こることがあります。

■エクステンション（延長）

4つのパターンがあります。基本的に衝撃波（第1・第3・第5波動）におけるエクステンションは、そのうちの1ヵ所でしか起こりません。その際、エクステンションを生じなかった残り2つの波動は規模・期間について、近いものとなることが多いのです（1 2 3）。どこでエクステンションが発生したか判別できない（4）というケースがあります。

■ダイアゴナル・トライアングル（斜行三角形）

強気相場の最終波動である第5波動において現れる、いわゆる「ウェッジ」と呼ばれる形状です。通常、5つの波で形成され、後半の波に至るほど、その波は小さくなっていきます。1の場合、上昇力が徐々に弱まっていき、下落反転の可能性が高まっていることを意味します（2はその反対）。つまり、大きな衝撃波が最終局面を迎えていることを示唆するものとなるのです。

これらイレギュラー・パターンをリアルタイムに認識することは困難かもしれません。基

フェイラー(失敗)

イレギュラートップ

エクステンション(延長)

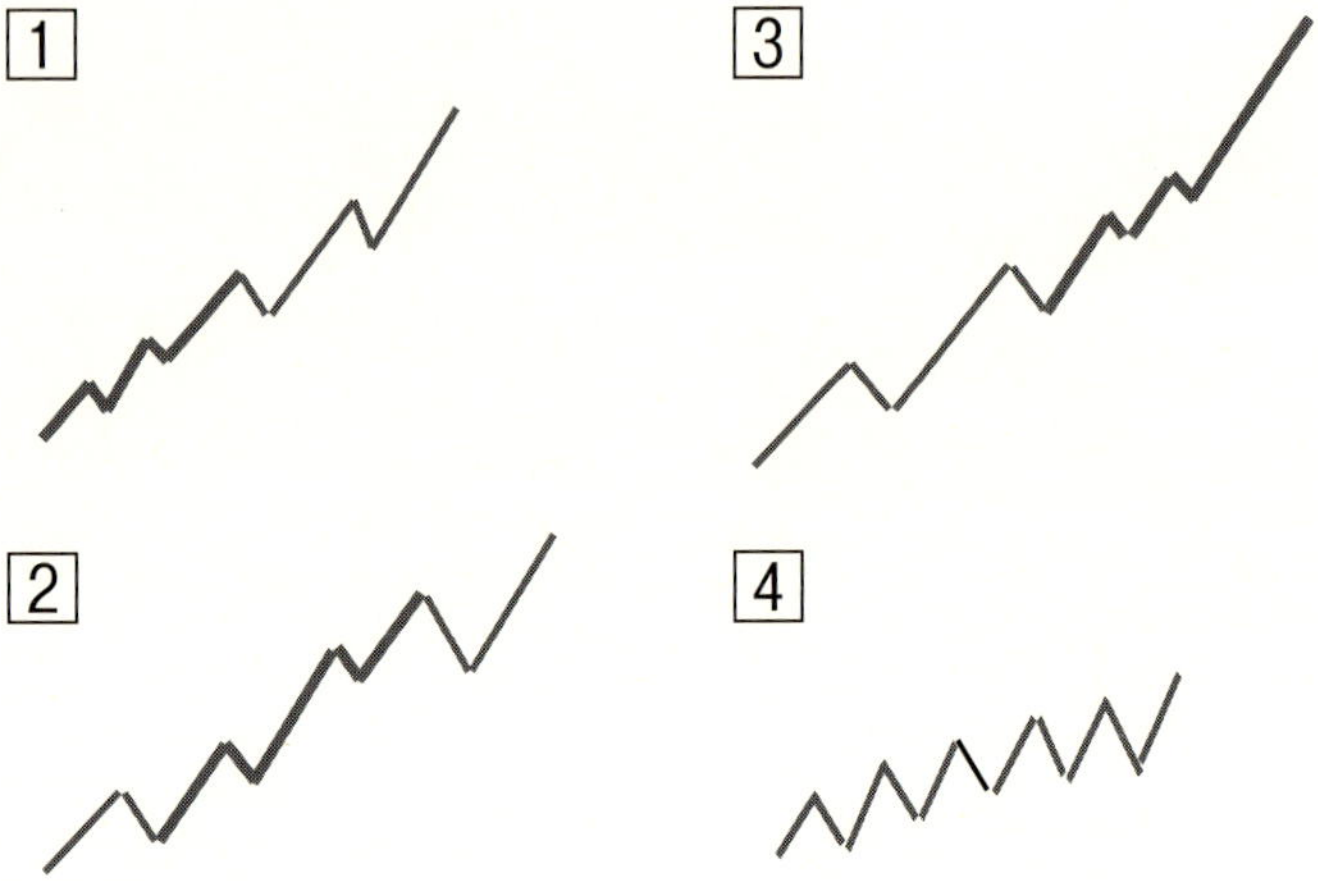

ダイアゴナル・トライアングル(斜行三角形)

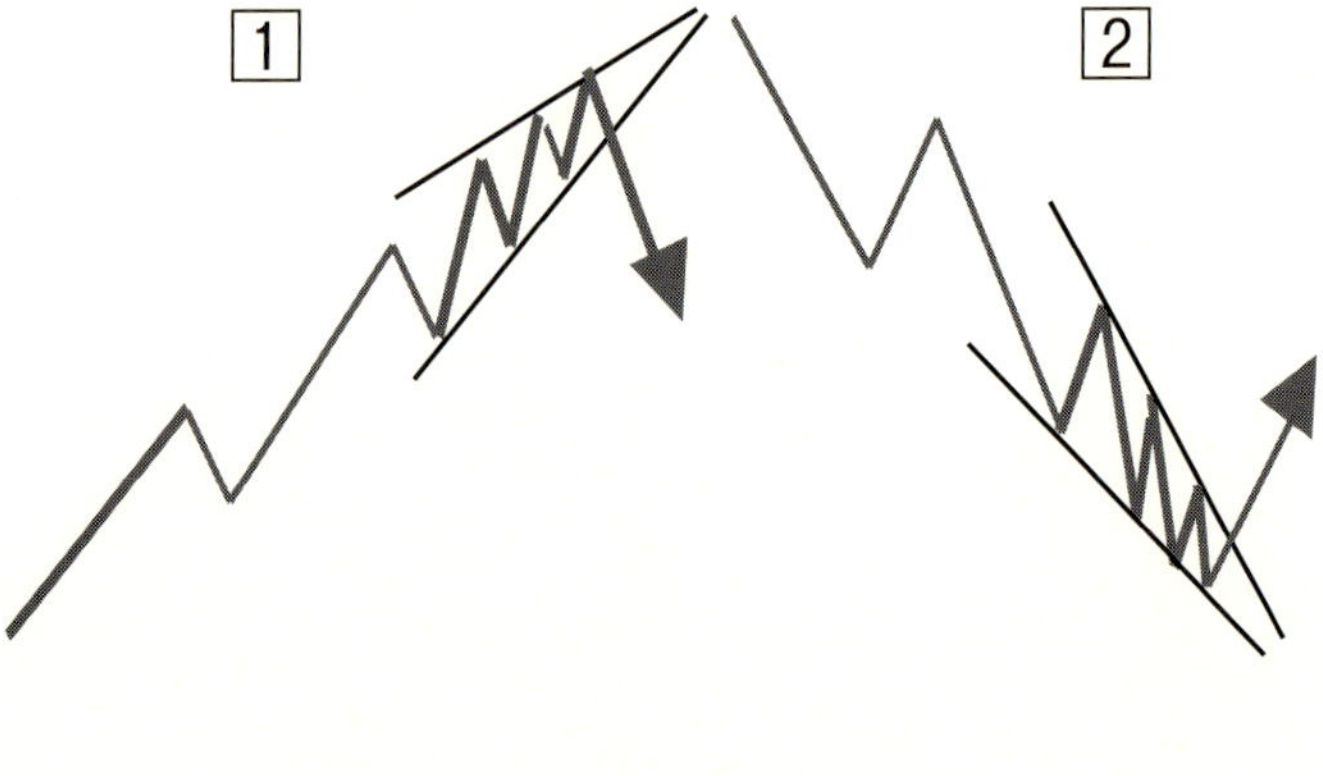

本パターンどおりに動かなかった場合、イレギュラー・パターンを認識できるのは、ある程度そのパターンが完成されてしまった後になってしまうことが多いのです。しかし「それでは意味がない」のではなく、基本パターンに従えばこうなるはずだったのにそうはならなかったこと、イレギュラー・パターンがどのように発生したのか、それらの意味を理解することが次の相場展開を予測していくのに役立つのです。

目標値・支持・抵抗の算出方法①

これまでエリオット波動分析をおこなっていくうえで必要となる基本パターンおよびイレギュラーなパターンを解説してきました。次に学ばなければいけないのは、目標値や支持・抵抗などの算出方法です。たとえば、そのときの上昇が第3波動にあると考えた場合、その上昇はいったいいくらぐらいまで行く可能性があるのか？　またそのときの下落が修正波であると考えた場合、その調整はどのあたりで止まるのか？　などです。これらはエリオット波動分析を実践で使っていく際に非常に重要な点となります。そしてその鍵となるのがフィボナッチ級数（黄金分割比）です。

す。

■フィボナッチ級数（黄金分割比）

フィボナッチ級数とは、隣接した2つの数字の合計が、次のより大きな数字となる数列です。

・「1,1,2,3,5,8,13,21,34,55,89,144,……」

たとえば、一番最初の1とその次の1を足すとさらにその隣の2になります。2番目の1と2を足すとその隣の3、2と3を足すと5……というように繰り返されていきます。この数列には「隣同士の数字、1つおきの数字、2つおきの数字の比率が一定となる」という特徴があります（黄金分割の比）。どの数字も、その次にくる上位の数に対して61・8：100の割合に近づいていきます。逆に下位の数字に対しては161・8：100という割合になります。さらに1つ飛んで上位にある数に対しては38・2：100の割合に近づき、その反対の下位の数字に対しては261・8：100という割合に近づいていきます。13世紀イタリアのフィボナッチという数学者がこの数列を再発見したことから、フィボナッチ級数と名づけられましたが、別名「黄金分割・黄金比率」として、古くは古代ギリシャの数学者・

哲学者にも用いられていた比率でもあります。

余談になりますが、エジプトのピラミッドの高さは、その基底に対して0・618倍の高さであり、ピアノのキーは8つの白鍵と5つの黒鍵の13のキーによって、1オクターブが構成されています。また女性のへそのある高さは、その平均が身長の0・618倍の位置になる、という研究もあります。自然界においては、ひまわりの花には89の曲線があり、そのうちの55が一方に巻き、残りの34がその反対方向へ巻いているという例があります。さらに茎の頂上の花の下には、それより2番目に小さい花があり、これは一方に34、その反対方向に21の曲線があります。さらにその下には一方へ21、反対方向へ13の曲線があります。

このようにフィボナッチ級数は自然界にも存在し、美術、建築、音楽、生物学などさまざまな分野で古くから応用されていたものです。

波動分析において、この比率が用いられる根拠は「相場の波も自然界における法則にもとづいて構成される」との発想に根ざしています。波動分析において多く用いられる比率は、「0.382,0.618,1,1.382,1.618,2.618」などです。

目標値・支持・抵抗の算出方法②

では続いて、サポート（支持）とレジスタンス（抵抗）をどうやって計算していくのかをみていきましょう。ここでは先に解説したフィボナッチ級数（黄金分割比）がポイントとなります。

■サポート（支持）の算出方法（図④）

図④のように直前の上昇波動が１万円から１万１０００円まであったと仮定します。その直後に起こった下落がどこで止まるか（どこでサポートされるか）を考えてみましょう。この場合、サポート（下げ止まる）と考えられるポイントは以下の３つの価格となります。

①１万１０００円－１０００円×38・２パーセント＝１万６１８円
②１万１０００円－１０００円×50パーセント＝１万５００円
③１万１０００円－１０００円×61・８パーセント＝１万３８２円

ここででてくる38・２パーセント、61・８パーセントはすでに解説したフィボナッチ級数

（黄金分割比）から導きだされる比率です。つまり、1万1000円から始まった下落が修正波である可能性が高い場合、その下落は1万618円、1万500円（半値押し）、1万382円で下げ止まる可能性が高いのです。実践においては、その水準近辺で押し目買いを入れるのも一手でしょう。しかし、61・8パーセント押しにあたる1万382円を割り込んだ場合は、新たな弱気相場のスタートとなる可能性もでてくるので、早めのロスカットも必要となります。

■**レジスタンス（抵抗）の算出方法（図⑤）**

レジスタンスの場合は先ほどの逆となります。図⑤のように直前の下落が1万円から9000円まであったとすると、その戻りが止まる（レジスタンス）と考えられるのは、①〜③の3つの価格になります。

図④

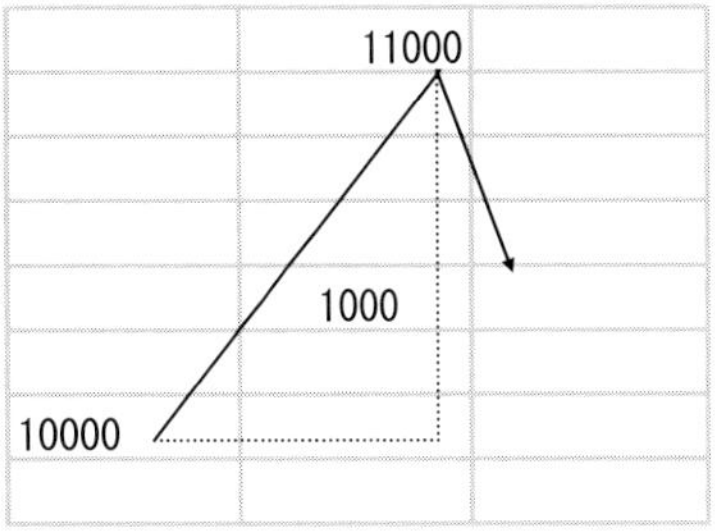

①９０００円＋１０００円×38・２パーセント＝９３８２円
②９０００円＋１０００円×50パーセント＝９５００円
③９０００円＋１０００円×61・８パーセント＝９６１８円

現在の上昇が、直前の大きな下落に対する戻りに過ぎないと判断している場合、このレジスタンス水準では戻り売り（株が下がっている局面で反発して上がったタイミングで売る）のスタンスを取るのも一手でしょう。ただし、先ほどの場合同様、61・８パーセント戻しの水準を突破してきた場合、その上昇は単なる戻りではない可能性が高まってくるので、シナリオ転換も考えなければいけません。

図⑤

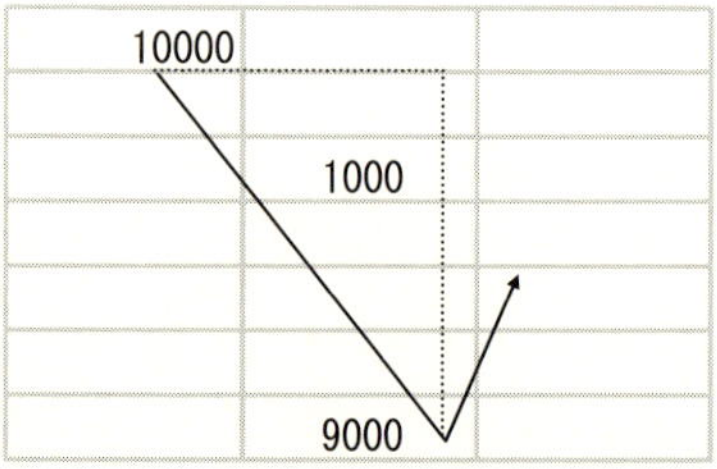

目標値・支持・抵抗の算出方法③

では次に、強気相場の目標値（ターゲット）の算出方法について解説していきましょう。

支持（サポート）・抵抗（レジスタンス）は強気相場の後にくる弱気相場の調整メドを算出する場合に用いられるものですが、そもそも強気相場がどこまで上がるか（下がるか）を算出するのに使う目標値についてご説明します。

グラフはもうおわかりでしょうが、エリオット波動の基本パターンを示しています。1→2、3→4、A→Bが修正波と呼ばれる波動で、直前の波動に対する調整をおこなっている波動です。

ここまではもう大丈夫ですね！

この基本パターンを踏まえて、目標値の算出方法を解説していきましょう。

基本パターン

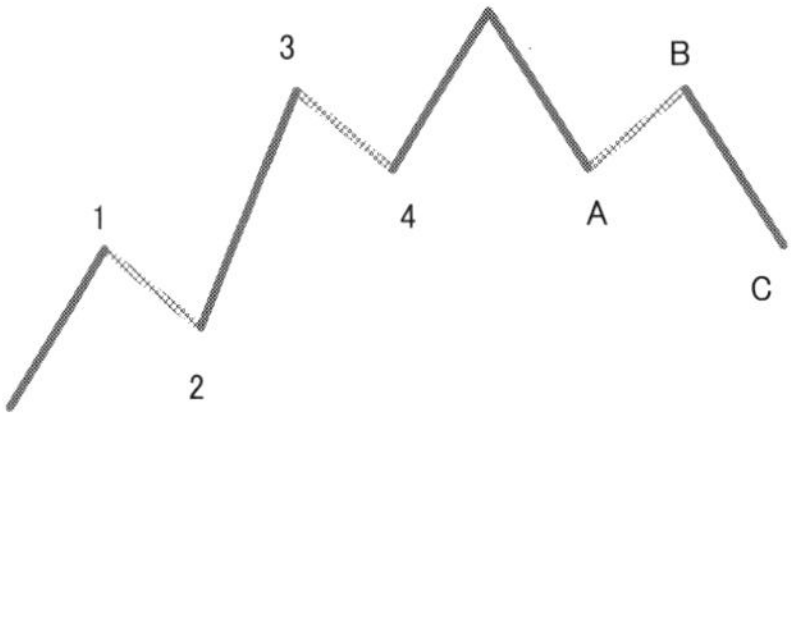

ターゲットの算出方法

①第1波動の上昇幅1000円を第2波動の終点（＝第3波動の始点）に加えた1万1500円。

（計算）　1000円＋1万500円＝1万1500円

②第1波動の上昇幅1000円を1・382倍した1382円を第2波動の終点に加えた1万1882円。

（計算）　1382円＋1万500円＝1万1882円

③第1波動の上昇幅1000円を1・618倍した1618円を第2波動の終点に加えた1万2118円。

（計算）　1618円＋1万500円＝1万2118円

第5波動の目標値（ターゲット）

ケース1

第3波動においてエクステンション（延長）がすでに発生した場合、第5波動ではエクステンションは発生せず、第1

第3波動の目標値（ターゲット）

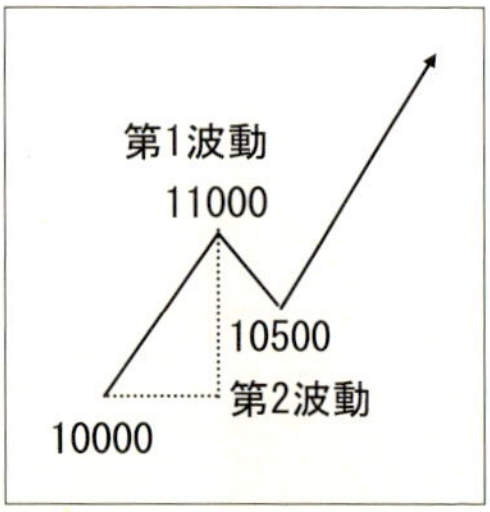

ケース1

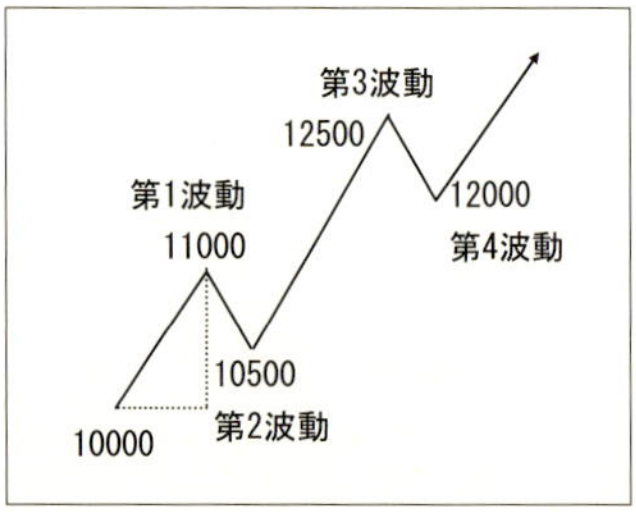

波動の長さと近くなる場合が多く、第1波動の値幅1000円を第4波動の終点に加えた1万3000円がその目標値となります。そしてこのケースがもっとも起こりやすいパターンともいえます。

ケース2

第1波動と第3波動の長さがほぼ同じで、第5波動にエクステンション（延長）が発生する可能性が高い場合、第1波動の始点から第3波動の頂点までの値幅（1万1500円－1万円＝1500円）に1・618をかけた2427円を第4波動の終点に加えた1万3427円が目標値となります。どちらかといえばマイナーなパターンといえるでしょう。

ケース2

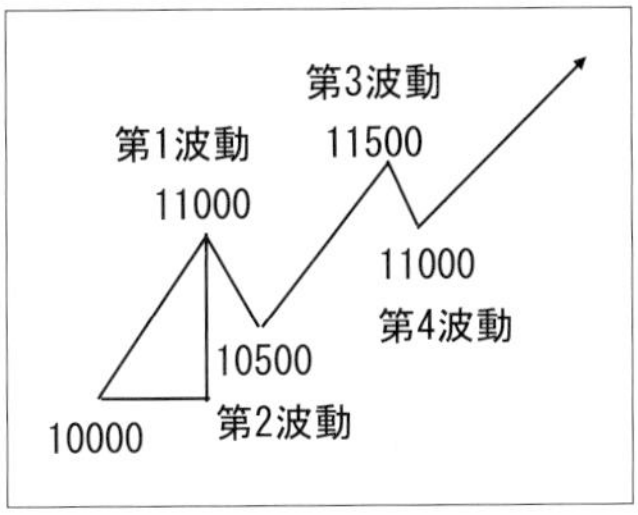

いざ、実践で活用する！

これまでエリオット波動分析における基本的なポイントを解説してきました。しかし、

もっとも難しいのが実践への活用なのです。

チャートをみながら、波動のカウンティングをおこなっていると、「これはこじつけじゃないか」と感じることも少なくないでしょう。そしてカウンティングばかりにとらわれて、現状を分析し、将来を予測していくという、エリオット波動分析においてもっとも重要なポイントを見落としてしまうこともありがちです。

またその予測において**絶対を求めてはいけません。**波動分析のもっと

チャート6

も優れている点は「予測」にあるのですが、その予測においてもメインシナリオ、サブシナリオが常に存在します。

「それでは意味がない」と感じる方も多いかもしれません。でもそうではないのです。実践においては、メインシナリオが外れてしまうときもでてくるでしょう。しかし、そのメインシナリオを捨て、サブシナリオに切り替えていくべきポイントもエリオット波動分析は教えてくれるのです。そういったことを念頭において、これからいよいよ実践演習です。

グラフは、少々古い例になりますが１９９８年の金融危機の際につけた安値１２７８７円から２０００年4月ＩＴバブルが盛り上がりをみせていた時期につけた高値２０８３３円までの上昇波動のチャートです（**チャート6**）。比較的、上昇5波動がきれいにつくられている時期のものでもあるので、基本的な学習にはちょうど良いでしょう。まず、これまで学んだ範囲の知識で安値から高値までの5波動をカウントしてみてください。この後、それぞれの時期を細分化しながら解説を進めていきましょう。

１９９８年10月安値から第３波動へ至るまで

（第１波動の形成）

次のグラフは１９９８年の安値１２７８７円をつけて以降、99年3月までの日経平均株価の推移です（**チャート7**）。まず98年10月9日に１２７８７円の安値をつけた日経平均株価は、その後リバウンドに転じ１５３２０円まで上昇しました。この上昇までの波動は小さな3波動形成となっています（つまり5波動形成ではなく、トレンドが上方向にあると確認できない）。この時点では、この上昇がそれまでの大きな下落に対するリバウンドで終わってしまう可能性も十分に残されており、買い方にとっても懐疑的な要素が多いままです（すでに解説したそれぞれの波動の特徴を参照してください）。

（第２波動の形成）

その後の修正波では、売り方も積極的な動きをみせます。結果的にこの修正波は深押しし、サポート（支持）である１３７５５円を大きく割り込み、１３１３０円に下落しました。しかし、この修正波が最初の安値（＝第１波動の始点）を割り込むことはありませんで

した。

（第3波動の形成）

13130円から再度反発に転じた日経平均株価はその直近の下落15320円→13130円の61・8パーセント戻しである14483円（短期的には重要なレジスタンス）を一時突破し、14641円まで上昇、上への力が強いことを示唆しています。これによりようやく懐疑的な見方が払拭され、本格的な強気相場入りの可能性があることを意識できるようになります（この上昇が第3波動内の第①波動にあたります）。そ

チャート7

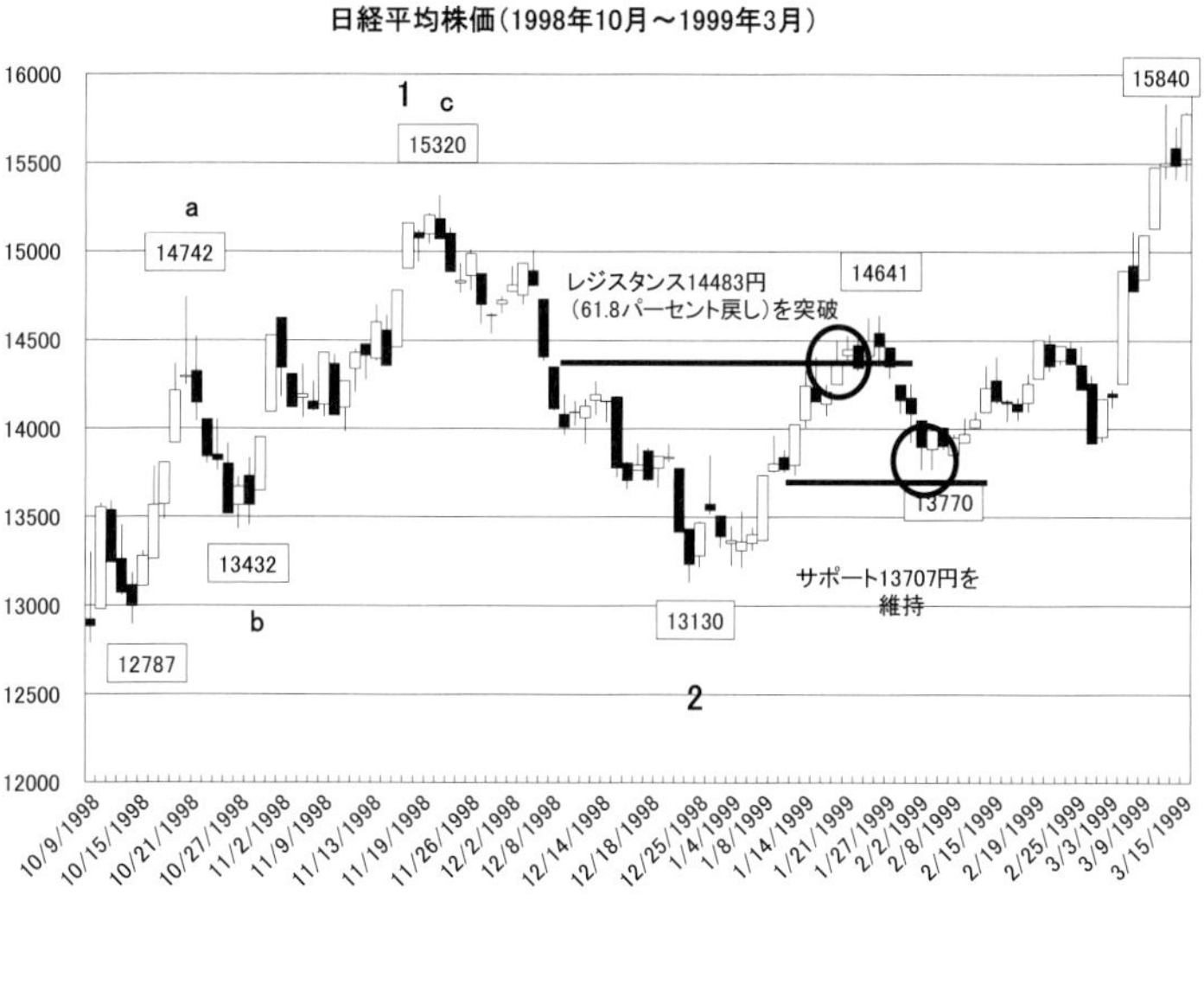

の後の短期的な調整が13130円→14641円から導き出されるサポート13707円（61・8パーセント押し）を維持し、再度上昇に転じてきたことからさらにその可能性が高まりました。そしてもっとも大きなチャンスが、14641円を再度突破してきたタイミングになります。これが上昇第3波動（もっとも力強く、大きな上昇）へとつながっていくのです。

第3波動のなかの5つの波動を読む

さらに続いてのグラフは98年10月→00年4月までの上昇トレンド（大きな上昇5波動）のなかで第3波動にあたる上昇局面です（**チャート8**）。このチャート全体の上昇で1つの上昇第3波動を形成しているのですが、よくみてみると、そのなかにさらに細かい上昇5波動を観測することができるはずです（①〜⑤）。このうち第①波動から第②波動に至る過程はすでに解説しました。今回はその後の動きを解説していきましょう。

（第3波動のなかの第③波動へ）

13130円で二番底をつけ、反発に転じた日経平均株価は14641円までの上昇で第

3波動のなかの第①波動を形成しました。このときはまだ、これが大きな上昇第3波動につながるかどうかは確認できません。その後の下落（第②波動）が13770円でとどまり、サポート13707円（第①波動の61・8パーセント押し）を維持したことから、その可能性が高まっていきます。そして次に14641円を抜けてきた時点で、それはかなり確かなものへと変わっていくのです。

（第③波動の目標値）

では第3波動のなかでも、もっと

チャート8

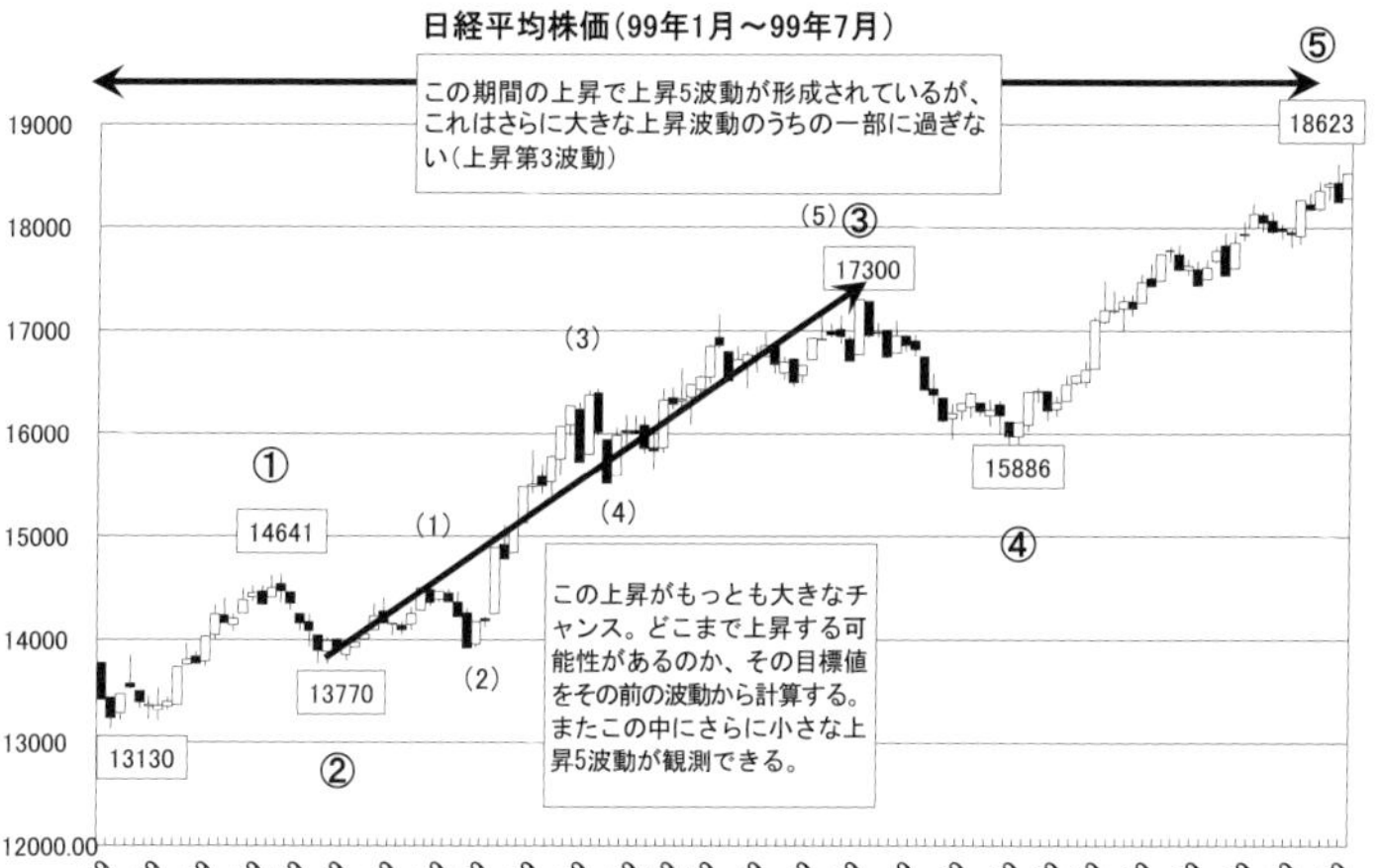

も大きな買い場といえるこの第③波動はどこまで上昇することが期待できるのでしょうか（目標値・支持・抵抗の算出方法③参照）。まず第①波動の上昇幅を計算します（13130円→14641円＝1511円）。そしてその値幅を第②波動の終点（＝第③波動の始点）に加えます（13770円＋1511円＝15281円）。つまり第①波動と同じだけ上昇すると考えるわけですが、これが最低レベルの目標値となります。さらに第①波動の値幅1511円の1・382倍、1・618倍、2倍の数値（フィボナッチ級数）を同じように第③波動の始点に加えていきます。15859円（1・382倍）、16216円（1・618倍）、16793円（2倍）という目標値がでています。このときの上昇力は非常に強く、その短期的な目標値を大きく上回る17300円まで上昇していきました。このとき重要なことは、さらに大きな波動からも目標値を確認しておくことです。その第1波動の上昇幅2533円を基準に、大きな第3波動の目標値を算出しておくのです。

さてここで、第③波動の目標値を計算してみました。これは比較的短期の目標値として認識できます。しかし、さらに大きな波動から見た目標値も存在するのです。上昇第1波動（12787円→15320円まで）の上昇幅は2533円。その後の第2波動の終点13130円から計算するとその目標値は、15663円（同値幅）、16630円（1・38

2倍）、１７２２８円（１・６１８倍）、１８１９６円（２倍）となります。そしてその上昇波動が第３波動である可能性が高い場合、その目標値は後二者であることが多いのです（第３波動がもっとも大きく強い波動となるため）。

この上昇局面では１４６４１円を抜けてきた段階が買いを入れる好機といえます。そのポジションを継続保有していくとき、目標値をもっているのともっていないのでは大きな差が生まれてくるはずです。その目標値が「利食い場（実際に売るタイミング）」となるからです。そこで重要なのは、小さな短期波動のみではなく、さらに大きな波動をみること、そして大きな流れのなかで、今の短期波動がどういう位置にあるのかを理解しておくことです。

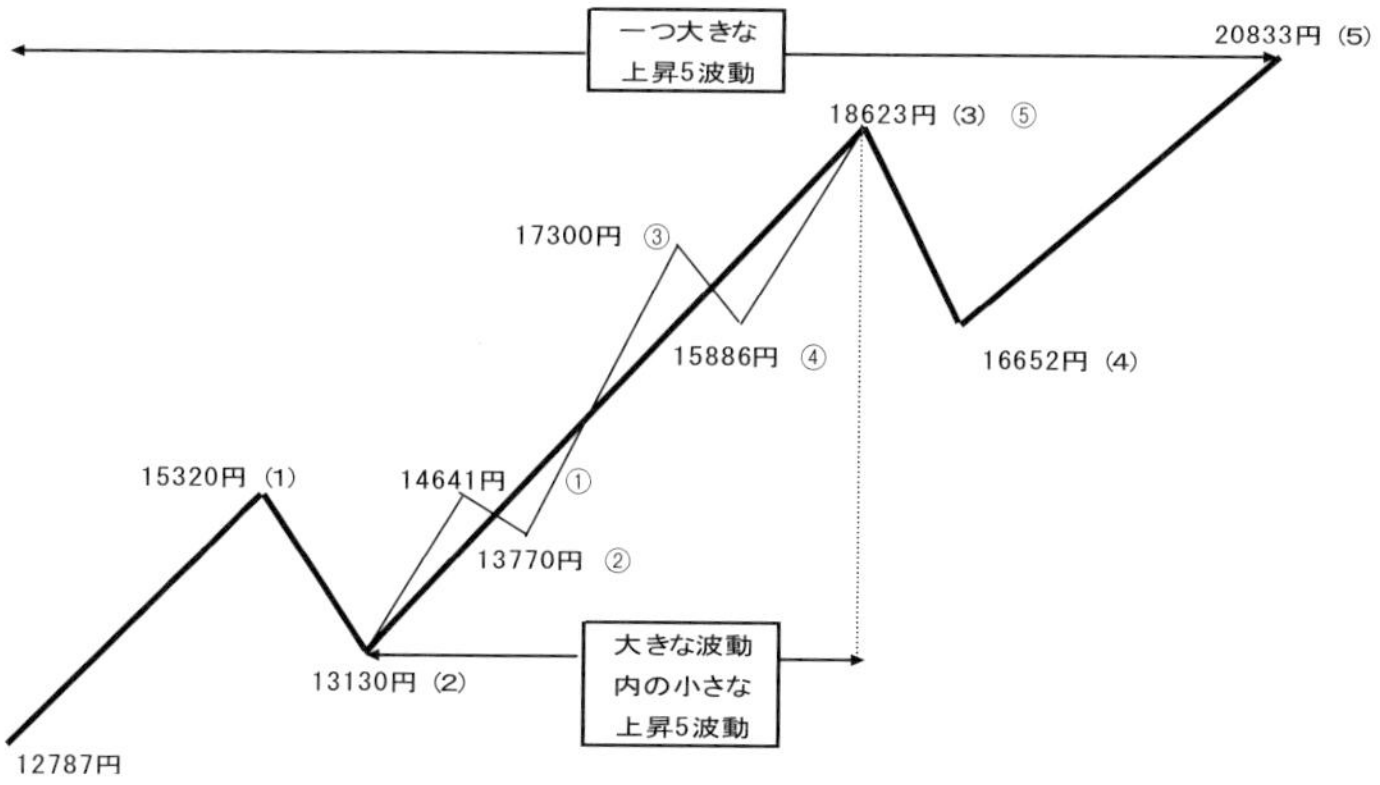

第3波動のなかの小さな波動を分析してみると、その第③波動（大きな第3波動のなかの一つ小さな第③波動）の目標値は最大でも16793円でした。しかし、さらに大きな波動分析をしっかりとおこなっていれば、この上昇が17228円もしくは18196円まで上昇する可能性があることを認識していられるのです。

もう一つ重要なポイントは、大きな波動のなかでさらに小さなそのなかの波動を分析しておくことです。先に掲載したチャートは12787円→20833円までの大きな上昇全5波動の一部である上昇第3波動（13130円→18623円）にあたります。そのなかを分析するとさらに小さな上昇5波動が観測できます。そのなかの第③波動（13770円→17300円）をみてみると、またさらに細かな上昇5波動が観測できるのです。ここまでは説明しましたね！

5波動が観測できるということは、トレンドがその方向にあるということを確認する重要なポイントになります。1つの方向への動きが3波動形成で終わっている場合は、あくまで修正波であり、大きなトレンドはその方向にはない可能性もあります。しかし、5波動形成となっている場合は、トレンド波動として認識でき、この場合はトレンドが上にあることを確認できるのです。

このように1つの時間軸だけで波動分析をおこなうのではなく、大きな流れと小さな流れを相互にみていくことで分析の精度を上げていくことができるのです。そして、その一つ一つを確認しながら、いま大きな流れのなかでどういう位置にあるのか、というポイントを知っていくのです。

波動分析の研究家は年足まで使い、超長期的な波動分析もおこないます。またディーラーなどごく短期的な売買をおこなう人は分単位にまで細分化しながら波動分析をおこなっています。自分の投資期間、スタイルにあった時間軸を利用してください。

〈第④波動の目標値〉

大きな第3波動のなかにある17300円まで上昇した第③波動の後にくる修正波、第④波動の押し目（下げ止まり）メドを探ってみましょう。この場合、直前の上昇第③波動の上昇幅3530円が計算の基準となります。その値幅の38・2パーセント、50パーセント、61・8パーセント（フィボナッチ級数）押しにあたる水準が第④波動の下落メド（サポート）となるのです。上から順に15951円、15535円、15118円がサポートとなります。

そしてその下落は15886円までの下落となり、その後、反発に転じていきました。ここで重要なポイントが2つあります。

ひとつは**重要なサポートである15118円（61・8パーセント押し）を割り込まないこと**。そしてもっとも重要なのは**第①波動の頂点でもある14641円を割り込まないこと**です。最初に挙げた61・8パーセント押しのサポートを割り込んだ場合、その上昇力は決して強くはなく、上昇トレンド持続に懸念が生じることになります。ただこの場合は上昇波動継続の可能性は残されます。

しかし、第①波動の頂点（ネックライン）を割り込んだ場合は、エリオット波動における絶対的な法則である「**強気相場のなかでは、第1波動の終点を第4波動の終点が下回ることはない**」に引っかかります。1－2－3－4－5の上昇5波動ではなく、A－B－Cの3波動で上昇が終わり、そのまま新たに大きな弱気相場に入っていく可能性が一気にでてくることになるのです。そしてそれまでのメインシナリオである上昇トレンド継続という見方を切り替えるべきタイミングとなります。幸いこのときの下落は15886円にとどまり、上昇トレンド継続となりました。

また第④波動の特徴として、修正波の基本パターンである3波動形成になるか、ジグザグなパターンとなり、波動をカウントしづらい（できない）パターン形成をおこなう場合も少なくありません。

（第⑤波動の目標値）

直前の修正波動の第④波動がサポートを維持してきたことで、上昇5波動における最終上昇波動である第⑤波動に入っていくことになります。

その目標値を考えるとき、基本的には一連の上昇5波動のなかの第①波動の上昇幅をもとに計算することになります。第①波動の上昇幅は13130円→14641円で1511円。第⑤波動の始点である15886円にその値幅を加えた17397円がその目標値となるのです。

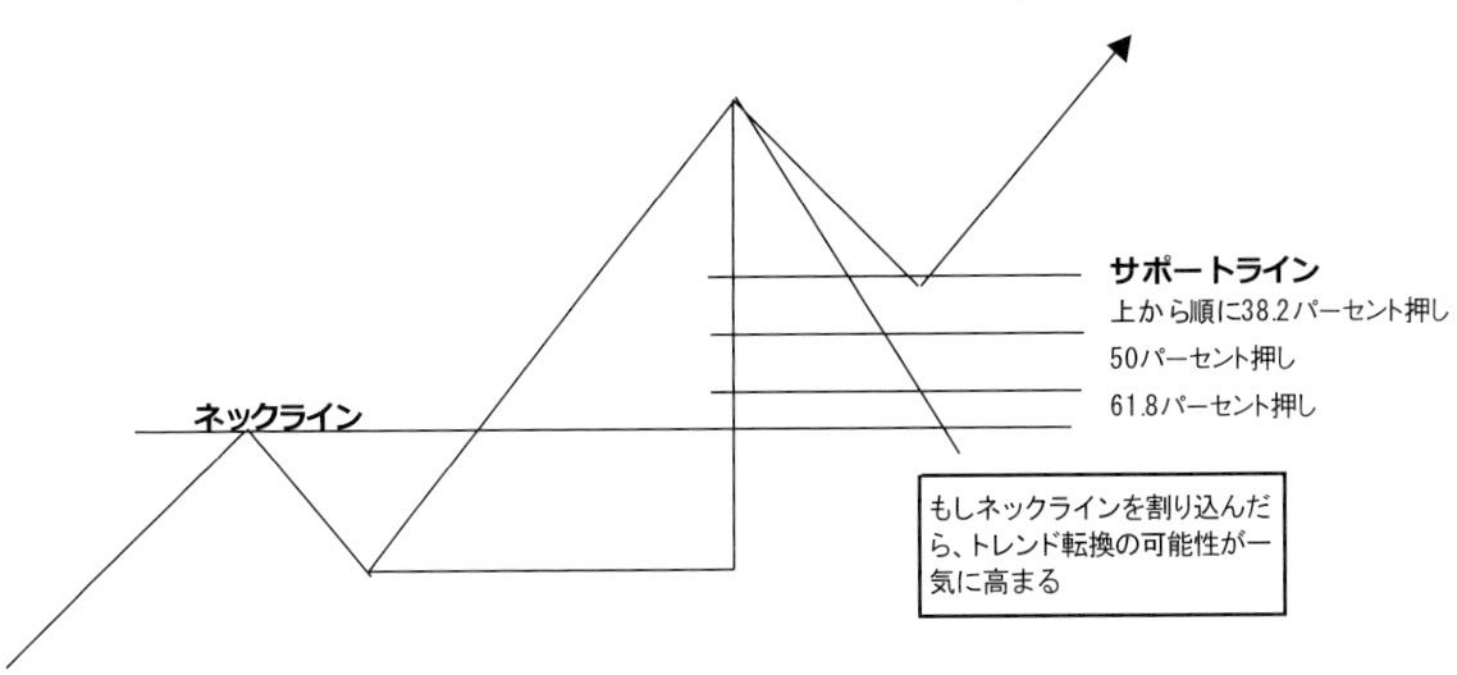

しかしこの第⑤波動というのは結構クセモノで、その目標値を決めつけるのは危険なのです。上昇最終局面なので、上昇エネルギーが不足することもしばしばです。その上昇過程がジグザグなものであったり、また**第③波動の頂点（＝直前の高値）を上回ることができないこと（フェイラー〈失敗〉）**もありえるのです。

またその反対にエクステンション（延長）が発生し、思いのほか長い上昇となる場合もありますが、その上昇終了後には、それまでの上昇5波動で描いてきた大きな上昇に対する大きな弱気相場A－B－C波動がくるため、深追いは禁物です。

同じ上昇でも第③波動の時とは異なり、常に次にくる大きな下落への警戒をもちながら取り引きしていかなければいけません。

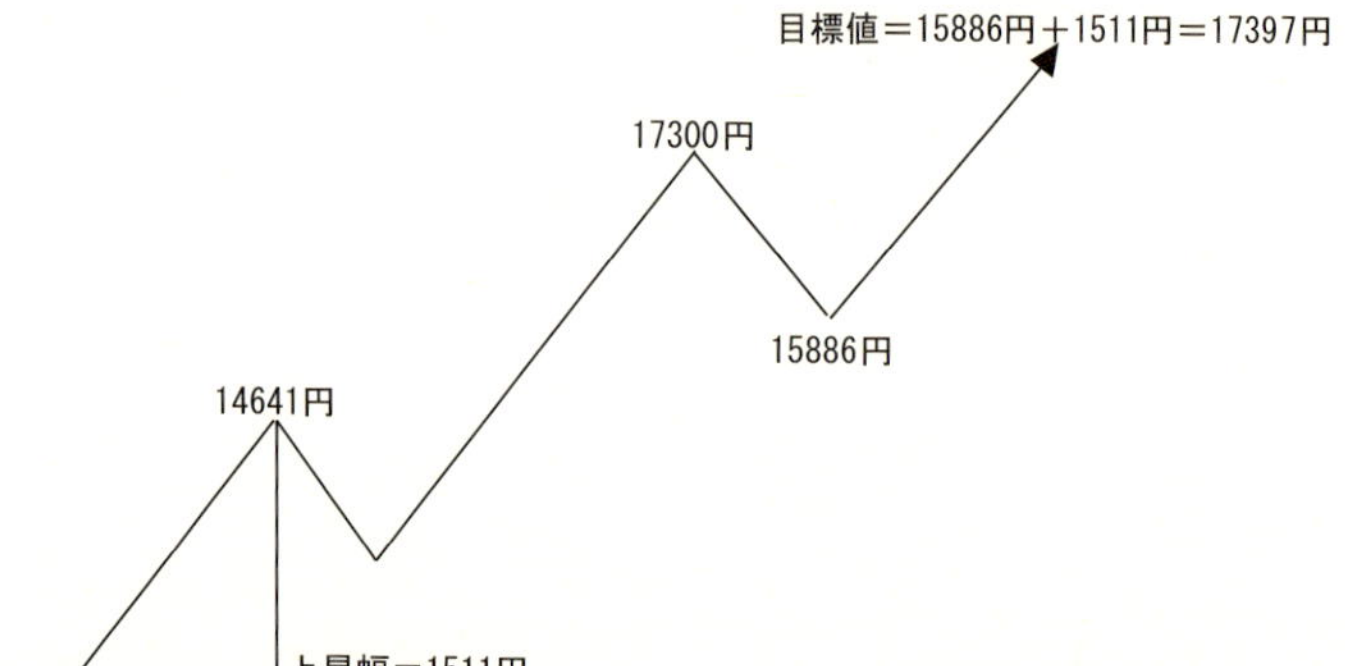

このときの上昇は、それ自体が大きな上昇第3波動の一部でもあったため、当初、目標値として想定された17397円を大きく上回り、エクステンション（延長）の発生を伴い、18623円までの長い上昇となりました。

これで一連の上昇5波動は終わり、次に下落を迎えることになるのですが、13130円→18623円までの上昇5波動は、さらに大きな12787円から始まった上昇5波動のなかの第3波動にあたります。つまり、A－B－Cという弱気相場を迎えたとしても、その下落はあくまで13130円→18623円までの上昇に対する調整に過ぎず、大きな上昇5波動のなかでは第4波動に過ぎません。その後さらなる上昇第5波動が待っていることから、12787円からの上昇が終わったと考える必要はないのです。

繰り返しになりますが、このように大きな波動のなかでの自分のポジションの位置づけ、そしてより短期な波動のなかでの位置づけを相対的に考えながら予測していくことが大切なのです。

第４波動の形成

１３１３０円から始まったもっとも大きな上昇でもある第3波動が１８６２３円までの上昇となり、その後は修正波である第4波動を迎えることとなります。この第4波動は、基本的にはA－B－Cの3波動形成となります。またジグザグやフラットなどわかりづらい波動となることも少なくありません。

グラフは１８６２３円から１６６５２円まで続いた第4波動のチャートです（**チャート9**）。１８６２３円から１７０４０円までの下落がA波動。その後のリバウンドでつけた１８３９７円までの上昇がB波動。そして弱気相場の最終局面１６６５２円までの下落がC波動となります。A波動、C波動のなかにはさらに細かい3波動（a－b－c波）が形成されていることがわかります。

このときポイントとなるのは、どの波動においても3波動形成にとどまっており、トレンドを示す5波動形成にはなっていないということです。それによって、この下落過程があくまで修正波であることが再確認できるのです。

１８６２３円から始まったこの弱気相場のサポート（上昇起点）はどこになるのでしょう

か？　前に第3波動内の小さな波動形成を解説していった際にも同じような計算をしました。

　そのサポートは、直前の上昇波動である第3波動から計算します。第3波動（13130円→18623円）の上昇幅は5493円。この上昇幅の38・2パーセント押し（16524円）、50パーセント押し（15876円）、61・8パーセント押し（15228円）がそのサポートとなります。そして割り込んではいけないネックライン（チャートの山や谷の頂点に水平に引いた線）は第1波動の頂点である15320円です。このとき、第4波動は16652円までの下落となりました。38・2パーセント押しの16524円

チャート9

日経平均株価日足（1999年7月～9月）

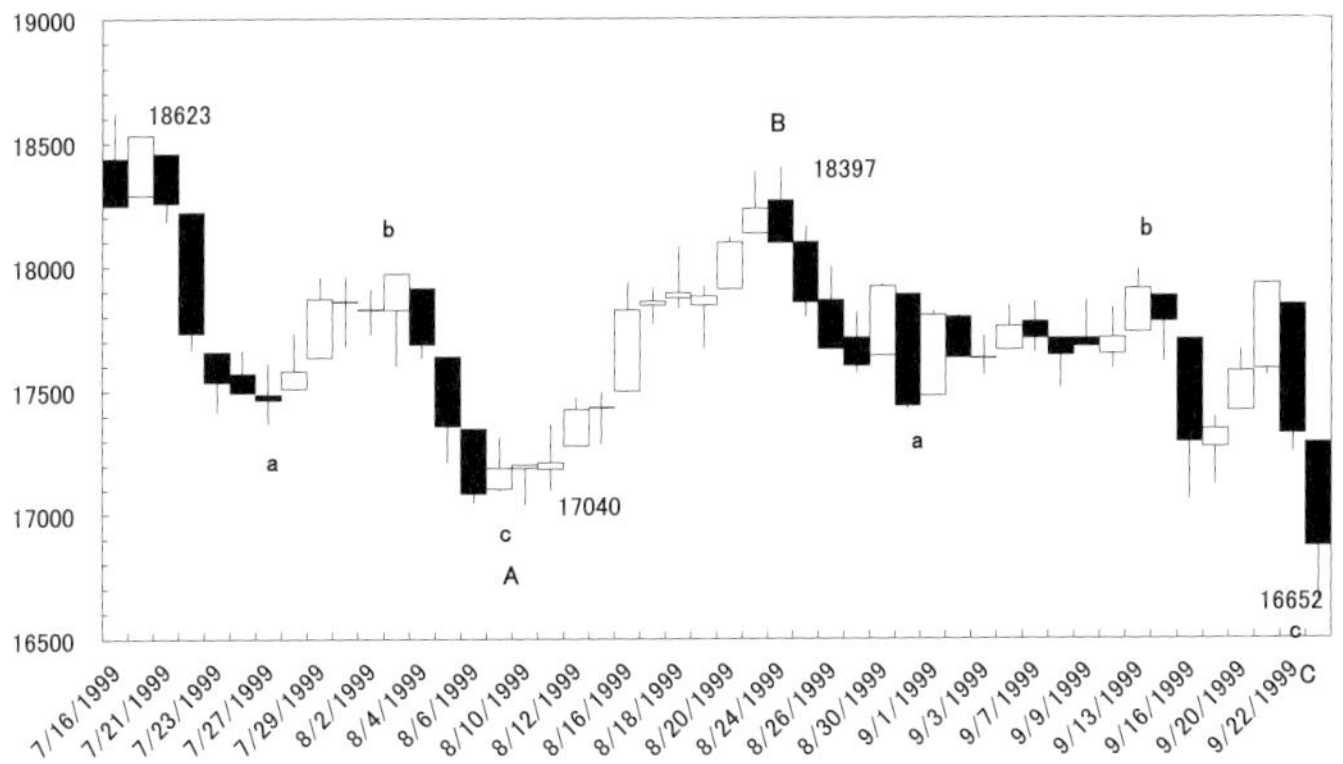

に近い水準となっています。

もう1点、A－B－C波動を分析していくとき、A波動からC波動の目標値を算出することができます。18623円から17040円までのA波動の下落幅は1583円。これをC波動の始点である18397円から引いてみると16815円という目標値が算出されます。

この後、上昇最終局面である第5波動に入っていくのですが、そこに入っていく過程での売買のチャンスとしては、17040円を抜けてきたところになります。なぜなら17040円はネックラインとなり、それを突破してきたということは、A－B－Cの3波動形成による弱気相場が終了した可能性が高まることになるからです。

第5波動の形成

16652円から20833円までの第5波動が始まりました。**チャート10**がその期間の日経平均株価のチャートです。

第5波動の特徴は以下になります。

- 上昇最終局面であるため、エネルギーが不足しがち
- そのため、波動形成がきれいな5波動形成にはならず、ジグザグなどのコレクティブ（集合的）な波動となりやすい
- 第3波動に次いでエクステンション（延長）が発生しやすい波動ですが、このとき市場は楽観的な見方が大勢を占めるようになり、次への大きな調整へのロング（買い）がたまっていきます

ちょうどこの時期は「ＩＴバブル」と呼ばれていました。その代表的な銘柄でもあるソフトバンクが急騰し、富士通なども一時５００００円をつけるなど、ＩＴ関連銘柄が急騰し

チャート10

日経平均株価（1999年9月～2000年4月）

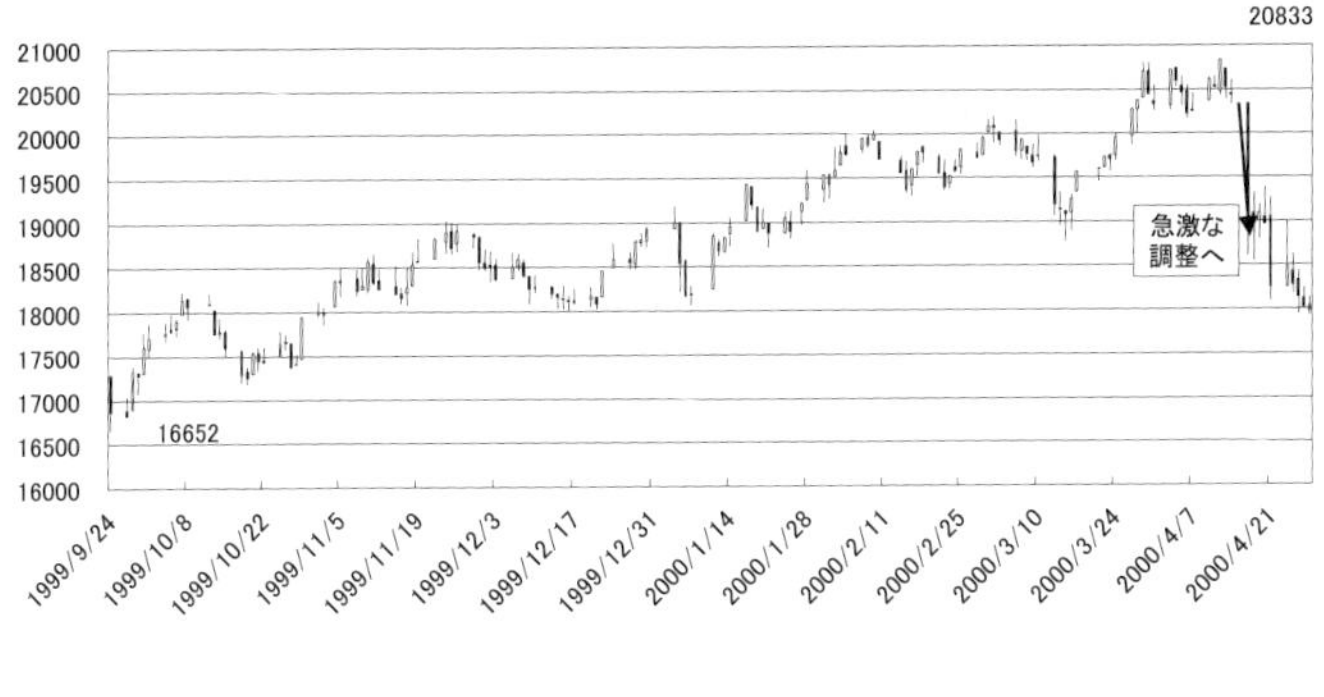

ました。市場心理は強気に大きく傾き、信用買い残も歴史的な水準まで増加しています。しかし、そのわりにはチャートの日経平均株価の上昇は緩慢（ジグザグ）であると感じませんか？

そしてソフトバンクが19万8000円の最高値を記録したのが2月、富士通が5000円台をつけたのは1月のことでした。その後、これらの銘柄は急速に下げに転じているのですが、それにもかかわらず日経平均株価はジリ高を続け、その最高値は4月につけることになります。ある意味、わかりづらい上昇局面であったといってもいいでしょう。

実際のトレーディングにおいて、第5波動の目標値は第1波動の上昇幅から算出します。第1波動の上昇幅は2533円、そして第5波動の始点は16652円なので、その目標値は16652円＋2533円＝19185円となります。この目標値まではロング（買い）ポジションを継続保有しても良いでしょう。しかし、この上昇局面が12787円からの大きな上昇の最終局面であること、そして次にA－B－C波動という大きな弱気相場がくることを考えれば、その目標値から上の水準を深追いするのは避けるべきです。そうした判断ができていれば、その後の急落を避ける（もしくは最小限の損失にとどめる）ことができたはずです。

このようにエリオット波動を用いることによって、現在の株価が波動分析においてどの波動にあたるのか、その次にどういった動きが予想されるのか、だからいまどういったトレードをしていくべきなのか、といった投資スタンスを認識することができます。

繰り返しになりますが、ただ波動をカウントすることが目的ではありません。この第5波動のように、波動が明確に形成されない場合にも意味はあるのです。つまり上昇トレンド時に、衝撃波である第5波が明確に形成されないということは上昇エネルギーの後退を意味し、そして次への下落が迫っていることを意味しているのです。

エリオット波動分析のまとめ

かなり長くなりましたが、エリオット波動分析のコツをつかんでいただけましたでしょうか?

さて、ここでおさらいとして、エリオット波動分析に取り組んでいくときに大切なことをいくつかおさえていきます。

■カウンティング

波動をカウントしていくとき、カウントが困難な場合もでてくるはずです。また、ジグザグなどのイレギュラー・パターンが出現したとき、5波動・3波動のパターンに無理やり当てはめようとすれば、かえって相場を見誤ることになります。

そういうときは発想を転換してください。短期波動が明確に形成されていないということは、現在形成中の中期波動があくまで修正波である可能性が高いとも考えられます。表層だけを見て、エリオット波動の基本パターンに当てはまらなければ意味がないと早とちりするのは間違いです。その波動がイレギュラー・パターンになった理由がどこかにあるのです。

より短期の波動、もう一段長い中期波動、さらに長期の波動（呼び方はプライマリー波やインターミディエット波などいくつもありますが、それを覚えることはたいして重要ではありません）を立体的に分析し、分析の精度を上げていくことが大切です。

■適切な予測期間

エリオット波動を信奉する投資家のなかには予言めいた分析をしようとする人も少なくありません。10年後に日経平均はこうなるだろう……とか。あなたがいま投資をして10年後に売却すると決意を固めているならそれもいいでしょう。しかし、実際にそういった取引をする人は少ないはずです。ディーラーなどの短期売買をおこなう人たちは、分単位で分析をおこなうこともあります。自分の取引期間、目的に合った分析（予測）をおこなうことが大切です。そして、その分析の精度を上げていくためにより短期、より長期の波動を分析していくのです。

■ひとつのシナリオにこだわらない

過去の波動を分析して「ああだった」「こうだった」というのは簡単です。しかし、実践で求められるものは「予測」であり、その「予測」こそがもっとも難しいのです。

どんなに緻密な分析をおこなっても、その予測（シナリオ）が外れることはあります。エリオット波動分析においては、シナリオを転換すべきポイントが明示されているということが重要なのです。もっともわかりやすいのは株の上がり下がりの平均値をとらえたネックラインでしょう。第1波動の頂点を第4波動の安値が割り込んではならない、というルールがありました。

つまり、現在の上昇を5波動形成と考えていても、この第1波動の頂点（ネックライン）を割り込んだ時点で、そのシナリオは転換しなければいけません。予言が目的ではなく、現状分析にもとづいた予測をし、それに従って売買をおこなっていくことが目的なのです。先にロスカットについて触れましたが、実際の取引において、このロスカットというものは重要な意味をもってきます。100パーセント勝ち続けることなど不可能でしょう。勝率を上げ、さらに負けたときのロスを最小限に食い止めることこそが収益拡大への近道なのです。そういった意味からもシナリオ転換点が明示されるエリオット波動分析は、より実践的な側面を内包しているのです。

4 RSI（Relative Strength Index）

では最後に、オシレータ系指標（逆張り）のなかでも代表的なものの一つであるＲＳＩについて解説していきましょう。オシレータ系指標とは、「上げすぎているから売り、下げすぎているから買い」という**逆張り**を基本スタンスとしています。

計算方法

計算式は以下のようになります。計算を始める最初の日と、２日目以降で計算方法が違うことに注意してください。

１日目

ＲＳＩ（パーセント）＝１００－１００÷（Ａ÷Ｂ＋１）

Ａ：過去n日間の値上がり幅の平均

	終値	前日比（上昇）	前日比（下落）	A	B	A′	B′	RSI
計算前日	797							
1日目	815	18	0					
2日目	800	0	-15					
3日目	850	50	0					
4日目	875	25	0					
5日目	904	29	0					
6日目	896	0	-8					
7日目	908	12	0					
8日目	934	26	0					
9日目	886	0	-48	17.78	-7.89			69.26
10日目	894	8	0			16.69	-7.01	70.42
11日目	911	17	0			16.73	-6.23	72.85
12日目	867	0	-44			14.87	-10.43	58.77
13日目	874	7	0			13.99	-9.27	60.15
14日目	869	0	-5			12.44	-8.80	58.58
15日目	909	40	0			15.50	-7.82	66.47
16日目	915	6	0			14.45	-6.95	67.52
17日目	920	5	0			13.40	-6.18	68.44
18日目	907	0	-13			11.91	-6.94	63.19
19日目	867	0	-40			10.58	-10.61	49.94
20日目	847	0	-20			9.41	-11.65	44.67
21日目	835	0	-12			8.36	-11.69	41.70
22日目	859	24	0			10.10	-10.39	49.29

B：過去 n 日間の値下がり幅の平均

n：計算期間

2日目以降

RSI（パーセント）＝100－100÷（A'÷B'＋1）

A'：｛A×（n－1）＋当日の値上がり幅｝÷ n

B'：｛B×（n－1）＋当日の値下がり幅｝÷ n

n：計算期間

ここでてくる計算期間「n」は一般的に9日間、14日間、42日間になります。実際の計算では表のようになります（計算期間は9日間）。表計算ソフトなどで簡単にできますので試してみてください。A'、B'では「n－1（計算期間が9日間なら8）」をかけて、当日の変動幅を加えて……というように計算手順がちょっと複雑になっていますが、前日までのRSIの数値との継続性をより高める計算上のテクニックとして認識しておいてください。

ちなみに計算方法にはこれと異なる方法もありますが、基本的な概念は同じです。その違いにこだわるよりも、ＲＳＩがもつ長所・短所を理解することのほうがずっと大切です。オシレータ系テクニカルに共通しているポイント、ロスカットが明確にできない、という点には注意が必要です。

使い方とポイント

ＲＳＩの数値は0〜１００（未満）の間で動きます。一般的に使われるのは9日、14日、42日ですが、その期間の取り方によって株価の上下に対する変化・反応の度合いが変わってきます。ここでは14日を取り上げて解説していきましょう。

基本的な見方

14日ＲＳＩの場合、70を超えてきた水準では相場の上昇が一巡し、反落するタイミングが近づいていると判断します（＝買い）。逆に30を下回ってきた場合は、反転上昇に備えるべきタイミングとなります（＝売り）。

注意点

落ちついたレンジ相場であればあまり問題ないのですが、上がり目や下がり目など、相場のトレンドが強いとき、70の水準を超えていても株価がさらに上昇をみせることがあります（逆の場合は30を割り込んでもさらに株価が下落します）。

また70を超えてきたところで売っても、あまり下がらないままに反転上昇となり、売った水準を超えてきてしまうこともあるのです。売りシグナルがでた後、その後に必ず買いシグナルがでるわけではないということ、そして想定外に株価が動いてしまったときのロスカット・ポイントは明確にしておくということが大切です。また株価が一定のトレンドをもって動いているとき、ＲＳＩは反転しても50前後で止まってしまうことが多く、

チャート11

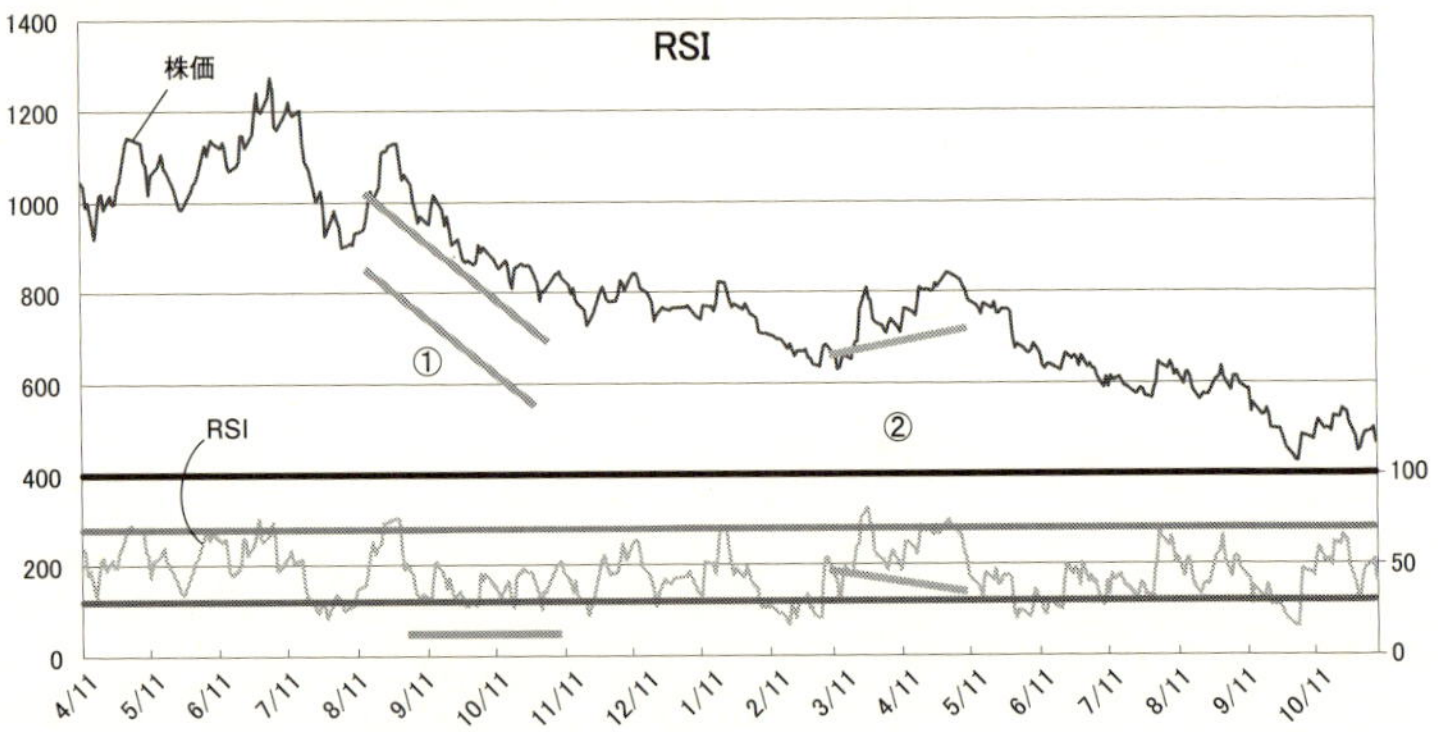

上昇トレンド時の押し目買い（下落時は戻り売り）の1つの目安としてみることもできます（**チャート11の①**）。

（応用：『逆行現象』）

この現象は相場の流れが変わるタイミングをみつける重要なポイントとなります。一定期間続いてきた上昇トレンドが終わりに近づいていると き、株価は前回の高値を更新していても、RSIは前回の高値を抜けてこれない現象がよく発生します（下落トレンドの場合はその逆）。これを『逆行現象』と呼び、相場の流れが変わる予兆として重要な意味をもちます（**チャート11の②**）。

チャート11②

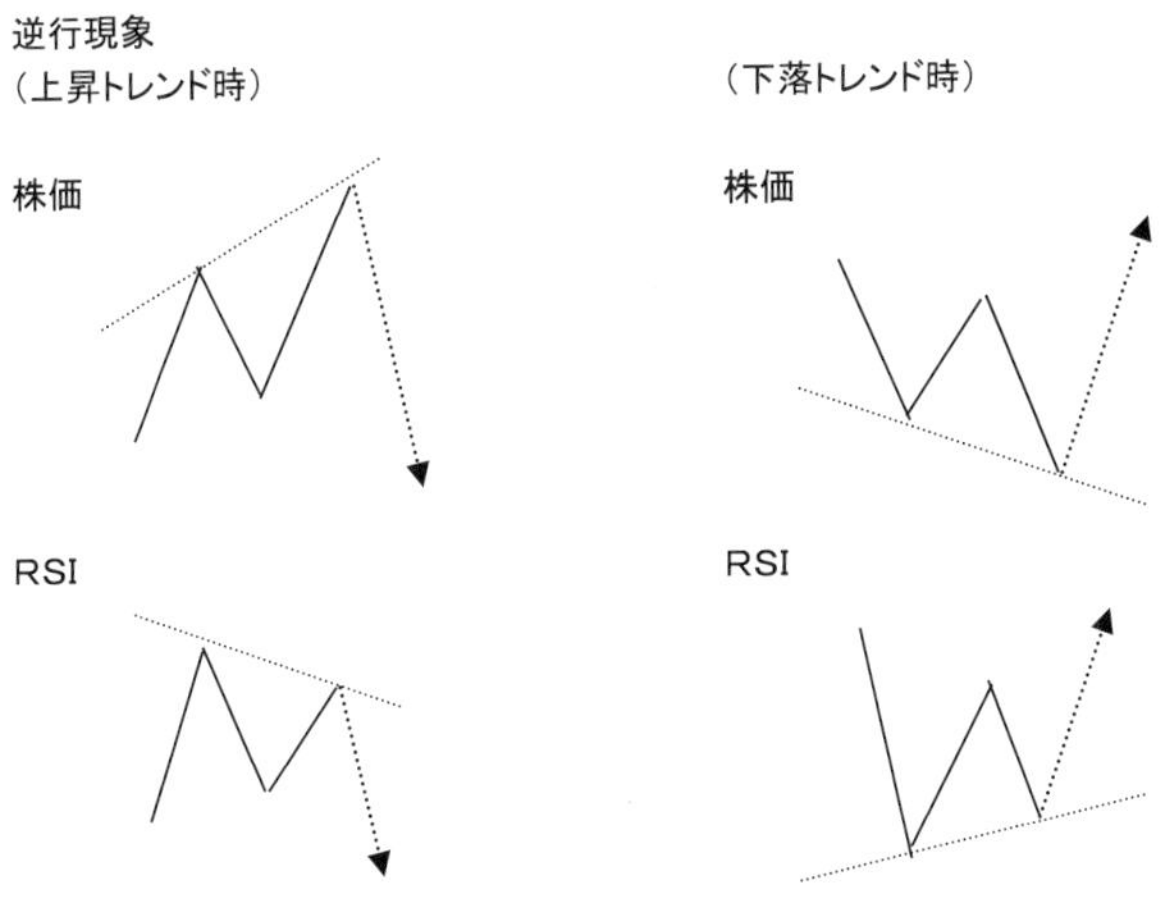

RSIのまとめ

オシレータ系指標全般にいえることなのですが、相場のトレンドが非常に強いとき、売りシグナルが発生していてもさらに上げ続けることがあります。これらのシグナルに従って安易な取引をおこなっていると、思いもよらぬ損失が発生することもあるのです。その場合は、しっかりとしたロスカット・ラインを決めて取引をおこなうようにしてくださいね。

第3章まとめ

短期の株式投資で使われる「テクニカル分析」のバリエーションは、ここで紹介した4種類以上に多岐にわたります。とはいえ、もっとも大切なのは、自分なりの判断基準をもつこと。この章の冒頭でも申し上げましたが、「策士、策に溺れる」のはいけません。株式投資には、みなさんそれぞれの「正解」があるのです。そういった自分流の投資法をぜひ、確立してください。

ここまで読まれたみなさんならもう大丈夫。さあ、投資家として市場にははばたいてください！

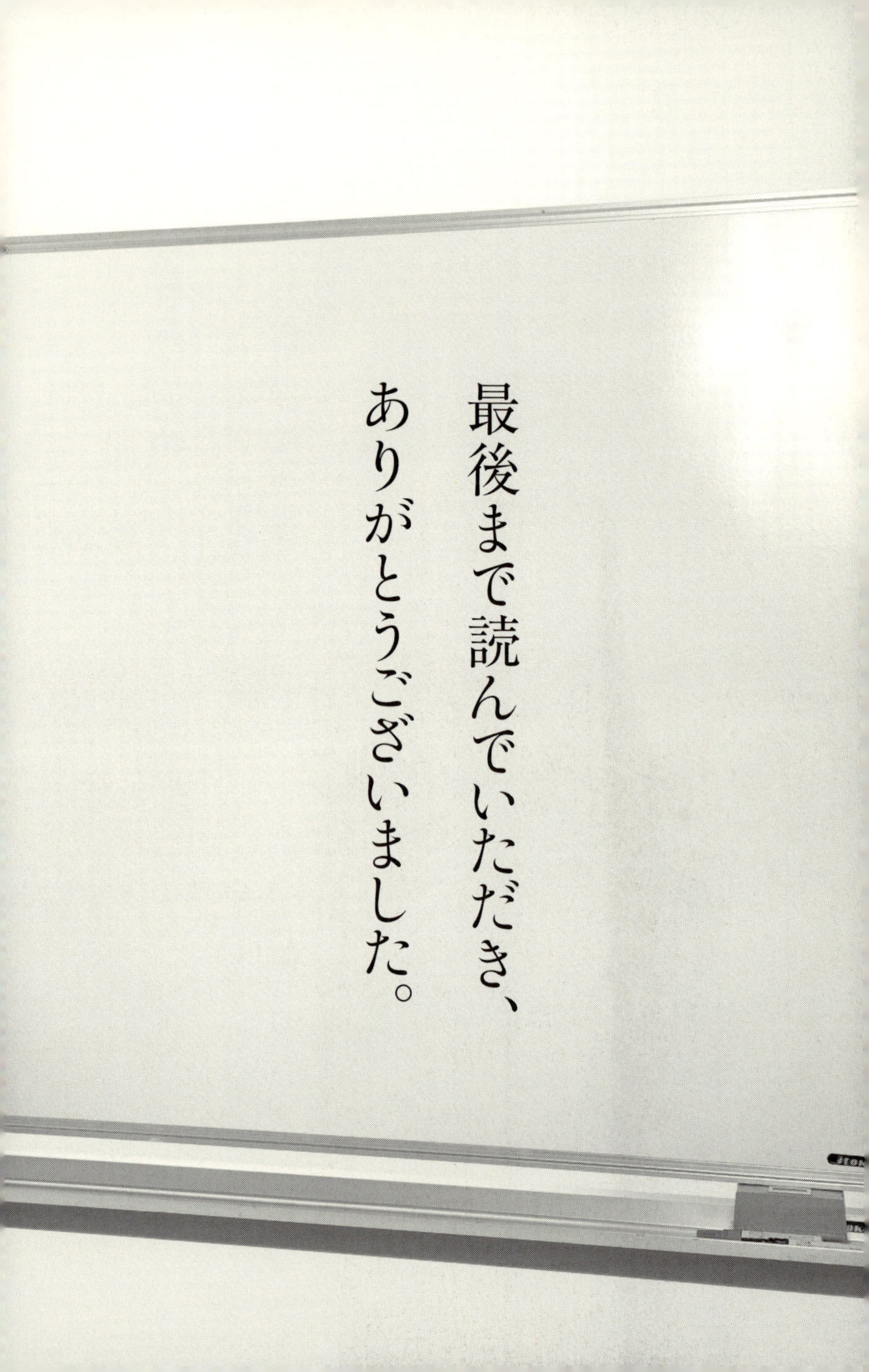

最後まで読んでいただき、
ありがとうございました。

著者 三井智映子（みつい・ちえこ）

金融アナリスト。フィスコリサーチレポーター。交渉アナリスト1級。
1982年、北海道生まれ。早稲田大学政治経済学部在学中にNHK教育テレビ『イタリア語会話』MCを務め、脚光を浴びる。以来、幅広く芸能活動を行う傍ら、投資活動にも関心を持ち、金融アナリストとして活躍中。「Yahoo!ファイナンス」の「投資の達人」による株価予想ではデビュー以来5連勝。美貌の気鋭アナリストとして『ダイヤモンドZAi』『週刊現代』『マネーポスト』『FLASH』などにも登場する。

監修 フィスコ

1995年設立。金融情報配信のリーディングカンパニー。金融機関、機関投資家、個人投資家などに向けた国内外の株価情報、企業分析レポートなどを配信し、圧倒的な信用を誇る。個人投資家向けの実践的な投資情報を学ぶためのセミナーも定期的に開催している。

最強《さいきょう》アナリスト軍団《ぐんだん》に学《まな》ぶ

ゼロからはじめる株《かぶ》式《しき》投《とう》資《し》入《にゅう》門《もん》

2013年10月10日　第1刷発行

著　者　三《みつ》井《い》智《ち》映《え》子《こ》

監　修　フィスコ

発行者　鈴木 哲

発行所　株式会社 講談社
〒112-8001
東京都文京区音羽2-12-21
電話　編集部　03-5395-3532
　　　販売部　03-5395-3622
　　　業務部　03-5395-3615

印刷所　慶昌堂印刷株式会社

製本所　株式会社国宝社

落丁本・乱丁本は、購入書店名を明記のうえ、小社業務部あてにお送りください。
送料小社負担にてお取り替えいたします。
なお、この本についてのお問い合わせは生活文化第三出版部あてにお願いいたします。

ISBN978-4-06-218619-3
定価はカバーに表示してあります。